UNHEIMLICH KRASSE GEHEIMNISSE

Meiner Lektorin Victoria, der nie die guten Ideen
zur Verbesserung meiner Texte ausgingen.
Und die nie ihren Optimismus verlor.

- T. A.

Meiner Agentin Susan, die mich während
des gesamten Buches anspornte.

- Y. L.

Dieses Buch ist Teil unseres Programms E. A. SEEMANNs BILDERBANDE. Es umfasst Bücher und Spiele, die Kindern mit viel Spaß die bunte Welt der Kultur eröffnen: Malerei, Architektur und Kulturgeschichte, Musik, Oper, Theater und Tanz. Die BILDERBANDE macht Bücher zum Entdecken, Geschichten zum Vorlesen und Spiele.

Mehr erfahrt ihr auf www.seemann-henschel.de,
wo wir auch zum Thema »Kunst für Kinder« bloggen.
www.instagram.com/seemann_henschel_verlagsgruppe
www.facebook.com/seemann.henschel

Zuerst erschienen 2022 unter dem Titel
The Big Book of Mysteries bei Nosy Crow Ltd.

Projektmanagement: Nora Schröder, Caroline Keller
Übersetzung: Stefanie Brägelmann, Erftstadt
Lektorat: Pia Wormsbächer, Annalena Gebauer
Satz: Lena Haubner, Weimar

Gedruckt in China
Das Papier wurde aus Holz aus
nachhaltiger Forstwirtschaft hergestellt.

Bibliografische Information der Deutschen Nationalbibliothek
Die Deutsche Nationalbibliothek verzeichnet diese Publikation
in der Deutschen Nationalbibliografie; detaillierte bibliografische
Daten sind im Internet über http://dnb.dnb.de abrufbar.

ISBN 978-3-86502-496-1

UNHEIMLICH KRASSE GEHEIMNISSE

Die 100 gruseligsten Rätsel der Welt

TOM ADAMS · YAS IMAMURA

AUS DEM ENGLISCHEN
VON STEFANIE BRÄGELMANN

INHALT

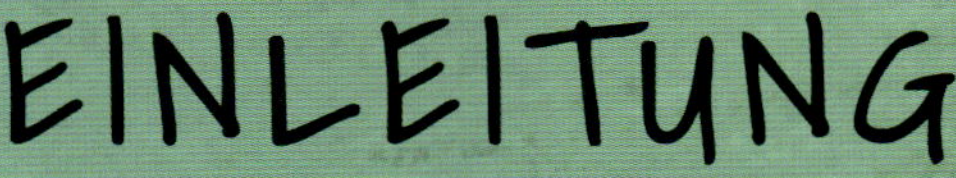

EINLEITUNG

Du wirst staunen, wie viele faszinierende Rätsel es gibt, die bis heute nicht gelöst wurden . . .

Was geschah mit der Besatzung der *Mary Celeste*? Hat König Artus wirklich gelebt? Und wo sind die Hängenden Gärten von Babylon?

Wir Menschen sind auf den Grund der tiefsten Ozeane getaucht und haben die höchsten Berge erklommen. Wir haben karge Wüsten durchquert, entlegene Dschungel durchstreift und uns sogar ins Weltall katapultiert. Dank neuester Technologie erforschen wir die Welt bis ins kleinste Detail. Genau wie unsere Körper. Heutzutage wissen wir mehr über den Menschen als je zuvor. Mithilfe von Computern können wir sichtbar machen, wie Erinnerungen gespeichert werden und können neues Leben im Labor erschaffen.

Heutzutage lässt sich dank der Fortschritte in der Wissenschaft vieles erklären, aber trotzdem gibt es noch einige tolle Rätsel zu lösen ...

Stonehenge. Die große Pyramide von Gizeh. Der Mechanismus von Antikythera. Der Diskos von Phaistos. Wir können uns kaum vorstellen, wie unsere Vorfahren diese außergewöhnlichen Bauwerke und Objekte erschaffen haben. Aber die Beweise dafür sind da! Kluge Köpfe beschäftigen sich seit Jahren mit diesen Funden – uns geben sie immer noch Rätsel auf.

Und wie steht es mit Mysterien der anderen Art? Dinge, die nicht so leicht mit handfesten Beweisen zu belegen sind, wie Geister und Gespenster. Oder nächtlicher Spuk?

Vor langer Zeit erklärten sich die Menschen die Welt mithilfe von Sagen und Legenden. Wahrscheinlich halfen uns solche Geschichten, Leben und Tod, Krankheit und Leid zu verstehen, als es noch keine wissenschaftlichen Erklärungen gab. Vielleicht haben Erzählungen über das Jenseits unsere Vorfahren beim Verlust eines geliebten Menschen getröstet. Möglicherweise warnten Schauergeschichten von Kreaturen, die in den Wäldern lauerten, sie vor gefährlichen Orten, so wie heutzutage mysteriöse Monster wie Yeti oder Bigfoot. Steckt hinter Geistergeschichten unsere Angst vor der Dunkelheit? Und hinter der Faszination für Entführungen durch Außerirdische unsere Furcht vor Fremden? Wer weiß ...

Doch sei auf der Hut! Wenn du etwas Merkwürdiges siehst oder wenn etwas Unglaubliches passiert, für das es keine schnelle Erklärung gibt, kann leicht deine Fantasie mit dir durchgehen. Nur weil etwas außergewöhnlich scheint, heißt das nicht, dass es unerklärlich ist. Lass deine Gefühle aus dem Spiel und sieh dir die Fakten genau an. Mit etwas Logik und Überlegung findest du vielleicht eine einfache Erklärung dafür.

Hüte dich beim Enträtseln solcher Geheimnisse vor falschen Beweisen. Heutzutage sind wir von »Fakten« umgeben – das Internet ist voll davon, und die sozialen Medien füttern uns damit in mundgerechten Häppchen. Doch, nur weil etwas im Internet, im Fernsehen oder sogar in einem Buch behauptet wird, heißt das nicht unbedingt, dass es auch wahr ist.

Uns alle faszinieren unerklärliche Phänomene und es wird immer solche Geschichten geben – viele davon findest du in diesem Buch. Versuch, der Wahrheit auf die Spur zu kommen, aber vergiss nicht: Bevor du denkst, dass etwas nicht erklärt werden kann, überleg dir gut, was wirklich los sein könnte.

Manchmal gibt es eine Erklärung für das Rätsel, also sei aufgeschlossen. Vielleicht findest du ja die Lösung ...

FLIEGEN IM ANGESICHT DER GEFAHR

Eine Pilotin und ein Pilot sind spurlos verschwunden. Werden wir jemals erfahren, was mit ihnen passiert ist?

AMELIA EARHART

Am 2. Juli 1937 trat Amelia Earhart in der Stadt Lae in Papua-Neuguinea die schwierigste Etappe ihres Flugs rund um die Welt an. Damit wäre sie die erste Frau, die das geschafft hätte. Mit ihr an Bord einer winzigen Lockheed Electra Maschine war der Navigator Fred Noonan. Von ihrem Ziel, Howland Island, einer kleinen Insel mit einem Durchmesser von nur wenigen Kilometern, trennten sie 4000 Kilometer Pazifischer Ozean.

Nach 4 Stunden Flugzeit sandte Amelia einen Funkspruch an die Küstenwache. Doch danach hörte man nie wieder etwas von ihr. Was war geschehen?

Amelia ging der Treibstoff aus, die Sicht war schlecht und sie konnte die winzige Insel wohl nicht orten. Eine groß angelegte Luft- und Seesuche wurde eingeleitet, jedoch fand man weder von ihr noch von ihrem Flugzeug eine Spur. Selbst hochmoderne Sonargeräte und Tiefseeroboter orteten nichts.

550 Kilometer südlich von Howland Island liegt die verlassene Nikumaroro-Insel. Hier entdeckte 1940 eine Expedition Werkzeuge aus einem Flugzeug, Überreste eines Frauenschuhs, Make-up aus den 1930er Jahren und sogar menschliche Knochen! War Amelia vom Kurs abgekommen und auf dieser Insel gelandet?

1940 ergaben wissenschaftliche Untersuchungen, dass die Knochen von einem Mann stammten. Doch 60 Jahre später stellte sich heraus, dass sie einer Frau gehörten! Später verschwanden die Knochen, was die Sache noch komplizierter macht. Das Rätsel bleibt ungelöst ...

FREDERICK VALENTICH

Der junge Australier Frederick Valentich wollte unbedingt Pilot werden. An einem Abend im Oktober 1978 brach er allein zu einem Trainingsflug von Melbourne nach King Island in Tasmanien auf.

Wenige Minuten nach dem Start teilte er der Flugsicherung über Funk mit, dass er von etwas verfolgt würde, das etwa 300 Meter über ihm flog. Es glänzte, hatte vier helle Lichter und die Art und Weise, wie es flog, kam ihm seltsam vor.

Die Flugsicherung bat Frederick, das Flugzeug zu identifizieren. Seine Antwort war verstörend: »Es ist kein Flugzeug.« Dann hörten sie ein schreckliches, metallenes Kratzgeräusch, bevor das Signal verstummte. Von da an fehlte von Frederick und seinem Flugzeug jede Spur.

Am selben Abend fotografierte Roy Manifold unweit von Fredericks Flugroute einen herrlichen Sonnenuntergang. Manche glauben, dass auf einem der Fotos zu sehen ist, was geschah. Darauf soll ein unbekanntes Flugobjekt (UFO) vom Meer aus in den Himmel emporsteigen. Aus jener Nacht gibt es auch Berichte über ein UFO mit grünen Lichtern, das im Zickzackkurs am Himmel unterwegs war. Hatten Außerirdische Frederick entführt?

Gibt es eine andere Erklärung? Die Ausbildung zum Piloten war Frederick sehr schwergefallen. Er hatte einige Prüfungen nicht bestanden und nur wenig Flugerfahrung bei Nacht. Verlor er die Orientierung und stürzte ab? Aber was hat es mit den vier Lichtern auf sich? In klaren Nächten ist es nicht ungewöhnlich, Sterne und Planeten leuchten zu sehen. Die Lichter, die Frederick sah, könnten Venus, Mars, Merkur und Antares, einer der hellsten Sterne am Himmel, gewesen sein.

VERSCHOLLEN AUF SEE

Diese Fälle wirken logisch, aber bei genauem Hinschauen ... Irgendwas passt da nicht zusammen.

DAS RÄTSEL DER FLANNAN-INSELN

Die Flannan-Inseln liegen im Nordatlantik, nordwestlich vom schottischen Festland. Zwar lebt dort niemand, aber Anfang des 19. Jahrhunderts arbeiteten drei Männer auf der Insel. James Ducat, Thomas Marshall und Donald McArthur waren für den Betrieb des neu errichteten Leuchtturms zuständig, der Schiffe auf See warnen sollte.

Am 26. Dezember 1900 segelte die *Hesperus* mit Vorräten zu den Inseln. Doch die Lampe des Leuchtturms brannte nicht. Der Kapitän betätigte das Nebelhorn und feuerte eine Leuchtrakete ab, aber es kam keine Antwort. Was machten die Leuchtturmwärter?

Ein Teil der Besatzung der Hesperus ging an Land. Im Leuchtturm waren die Betten ungemacht und das Feuer war schon seit Tagen erloschen. Besonders mysteriös war, dass zwei Regenausrüstungen fehlten, die dritte aber noch am Haken hing.

DIE LEUCHTTURMWÄRTER WAREN NIRGENDS ZU SEHEN.

Suchtrupps durchkämmten jeden Zentimeter der Inseln und fanden ein Eisengeländer, das aus seinem Fundament gerissen war. Hatte eine große Welle die Insel überspült und die Männer ins Meer gerissen?

Solch hohe Wellen hatte es hier noch nie gegeben. Zudem lag das Geländer 25 Meter über dem Meeresspiegel. Wenn wirklich ein so heftiger Sturm getobt hatte, warum hing dann eine Regenausrüstung am Haken?

DIE VERSCHWUNDENE LEINWANDGÖTTIN

Zu Beginn des 20. Jahrhunderts galt die englische Schauspielerin Marie Empress als die »schönste Frau im Kino«. Sie war nach Amerika gezogen, um in Hollywood berühmt zu werden.

Am 16. Oktober 1919 ging Marie nach einem Besuch in der Heimat an Bord des Dampfschiffs *Orduña*, um nach New York zurückzufahren. Doch als das Schiff 11 Tage später in den USA eintraf, war Marie nicht dort.

Das Schiff wurde durchsucht. Maries Kabine war von innen verschlossen, aber von ihr fehlte jede Spur. Das Abendessen, das man ihr in die Kabine gebracht hatte, war nicht angerührt und ihr Bett unbenutzt. Das Bullauge der Kabine maß nur 30 Zentimeter – viel zu eng, um sich dort hinauszuzwängen.

VOM FILMSTAR GAB ES KEINE SPUR.

Alle Passagiere auf der *Orduña* kannten den berühmten Filmstar, sodass es ihr unmöglich gewesen wäre, unbemerkt auf dem belebten Schiff herumzulaufen. Am letzten Abend der Reise hatte sie niemand mehr gesehen.

In ihrer Kabine befand sich die Kopie einer Nachricht, die sie vom Schiff aus an ein Hotel in New York geschickt hatte, um ein Zimmer für ihre Ankunft zu buchen. Die Öffentlichkeit machte sich keine allzu großen Sorgen um die vermisste Schauspielerin. Als sich die Nachricht von Maries Verschwinden verbreitete, dachten die Leute, es handle sich um einen Werbegag. Sicherlich würde sie auf einer schicken Party auftauchen, um alle zu überraschen. Aber das geschah nicht und man sah sie nie wieder. Was auf dieser Reise über den Atlantik genau passiert war, blieb ein Rätsel …

WAHR ODER ERFUNDEN?

Diese Geschichten sind faszinierend, aber ist an ihnen auch etwas Wahres dran?

DRACULA

1897 schrieb der irische Schriftsteller Bram Stoker die wohl berühmteste Horrorgeschichte aller Zeiten – *Dracula*. Sie ist noch dazu eine der schaurigsten! Er erfand Graf Dracula, Fürst der Finsternis und gruseliger Vampir mit scharfen Reißzähnen, der nachts Jagd auf Menschen machte, um ihr Blut zu trinken. Aber hättest du gedacht, dass es mal einen echten, blutrünstigen Dracula gab?

Er hieß Vlad III. und war im 15. Jahrhundert Fürst der Walachei in Transsilvanien im heutigen Rumänien. Sein Vater leitete den Geheimbund Orden des Drachen und war als Dracul, transsilvanisch für Drache, bekannt. Deshalb hieß Vlad III. auch ›Sohn des Dracul‹ oder Dracula. Ob er wirklich Blut trank, ist nicht überliefert, auch wenn er ganz bestimmt viel Blut gesehen hat. Denn er spießte seine Feinde auf spitze Pfähle, rammte die in den Boden und ließ die Leichen verrotten.
Die Leute nannten ihn Vlad den Pfähler!

Aber die unheimlichste Verbindung zwischen Vlad und Dracula kam ans Licht, als man vor etwa 120 Jahren Vlads Grab öffnete, um seine Überreste wissenschaftlich zu untersuchen, und keinen Leichnam fand. War Vlad also wirklich der Prinz der Untoten? Und ist er vielleicht noch immer unter uns?

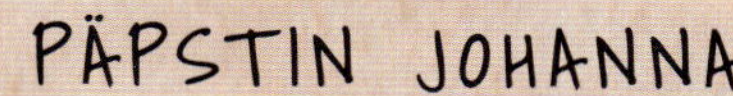

PÄPSTIN JOHANNA

Das Oberhaupt der römisch-katholischen Kirche, der größten Kirche der Welt, ist der Bischof von Rom, auch bekannt als Papst. Seit der heilige Petrus vor fast 2000 Jahren zum allerersten Papst wurde, waren alle Päpste Männer. Nur ... gab es vor langer Zeit Gerüchte über einen weiblichen Papst – Päpstin Johanna. Sie wurde im 9. Jahrhundert geboren, und wollte unbedingt unterrichtet werden. Weil man damals bei der Kirche am meisten lernte, gab sie sich als Mönch aus, kleidete sich in wallende Gewänder und arbeitete sich hoch, bis sie im Jahr 855 zum Papst ernannt wurde.

2 Jahre lang hatte sie in ihrer Verkleidung großen Erfolg, bis sie während einer Prozession durch Rom vor Schmerzen zusammenbrach. Was konnte das nur sein? Zum Entsetzen der Menge gebar Päpstin Johanna auf offener Straße ein Kind ... und ihr Geheimnis war gelüftet.

Kann diese Geschichte wirklich stimmen? Vor 1000 Jahren hatten Frauen kaum Freiheiten, und sich als Mann auszugeben, war wohl die einzige Möglichkeit, Zugang zu Bildung zu erhalten. Allerdings wird Johanna erst Jahrhunderte nach ihrem Tod in Aufzeichnungen erwähnt, was die Nachwelt stutzig macht.

KÖNIG ARTUS

In England gilt König Artus als Nationalheld. Tapfer und ritterlich bewahrte er mit seiner Gefolgschaft, den Rittern der Tafelrunde, das Land vor tödlichen Feinden. Aber hat er wirklich existiert?

Man nimmt an, dass im 5. oder 6. Jahrhundert ein Brite namens Artus eine Kriegerarmee gegen Invasoren anführte. Damals schrieb man noch nicht über ihn, aber ein paar Hundert Jahre später tauchte er in den Geschichtsbüchern auf. Ab 1100 kam die Artuslegende dann richtig in Schwung.

Der Historiker Geoffrey von Monmouth fügte weitere Figuren und mythische Elemente hinzu, wie den Zauberer Merlin und das Schwert im Stein. Nach und nach entwickelte sich die Erzählung weiter – aus Artus' Anhängern wurden die Ritter der Tafelrunde. Ihr Stammsitz war Camelot und sie kämpften gegen Drachen, Riesen und andere fiese Ungeheuer. So wurde daraus eine fantastische Geschichte.

Obwohl es wahrscheinlich wirklich einen Krieger namens Artus gab, kann man unmöglich sagen, wie viel von der Geschichte stimmt.

DAS VERSCHWUNDENE DORF

Ein ganzes Dorf verschwindet nicht einfach ... oder etwa doch?

ROANOKE

1587 segelten über 100 Männer, Frauen und Kinder von England nach Roanoke Island, um eine der ersten englischen Siedlungen auf dem amerikanischen Kontinent zu errichten. Diese beschwerliche Reise ins Unbekannte war ein Kampf ums Überleben. Das Leben dort war so hart, dass ihr Anführer, John White, einige Wochen später nach England zurückkehrte, um lebenswichtige Vorräte zu holen.

Nach 3 Jahren kehrte John nach Roanoke zurück und stellte fest, dass das gesamte Dorf verschwunden war. Es schien, als hätten seine Familie und Freunde alles zusammengepackt und wären einfach abgereist. Aber wohin waren sie gegangen, ohne ihm etwas zu sagen?

Einziger Anhaltspunkt war ein in einen Stamm geritztes Wort: CROATOAN – der Name einer nahen Insel und ihrer Bevölkerung. Waren die Siedler und Siedlerinnen dorthin aufgebrochen, um Hilfe zu holen? John stach in See, um das herauszufinden, aber ein schrecklicher Sturm zwang ihn aufzugeben.

Im Laufe der Jahre wurde die Insel oft untersucht. Hatten die englischen Neuankömmlinge an der Seite der Croatoan gelebt? Bis heute hat niemand herausfinden können, was vor über 400 Jahren wirklich mit den Menschen auf Roanoke Island geschehen ist.

GEISTERSCHIFFE

Der Ozean kann ziemlich unübersichtlich sein. Allzu leicht gerät man in Schwierigkeiten.

DIE *MARY CELESTE*

Am 7. November 1872 lief die *Mary Celeste* in New York aus. Sie war erst 10 Jahre alt, hatte aber schon einige Unfälle und stand in dem Ruf, ein Unglücksschiff zu sein. Nun war sie auf dem Weg nach Genua in Italien. An Bord: Kapitän Benjamin Spooner Briggs mit seiner Familie und sieben Besatzungsmitgliedern.

Einen Monat nach ihrer Abreise sichteten Seeleute eines anderen Schiffes, der *Dei Gratia*, die *Mary Celeste*. Sie war über 1500 Kilometer von Europa entfernt und trieb führerlos im Meer. Besatzungsmitglieder der *Dei Gratia* kletterten an Bord der *Mary Celeste* und was sie entdeckten, ist bis heute unerklärlich ...

NIEMAND WAR AN BORD.

Ein Rettungsboot und ein paar Navigationsinstrumente fehlten. Das Schiff war zwar etwas verwittert, aber absolut seetüchtig. Anscheinend hatte es weder einen Kampf noch ein Feuer gegeben. Es heißt, dass der Tee, der neben dem zur Hälfte gegessenen Frühstück auf dem Tisch stand, noch dampfte. Kapitän Briggs, seine Familie und die Mannschaft wurden nie wieder gesehen.

Warum war das Schiff wohl verlassen? Dafür gibt es viele Vermutungen. Es könnte von nordafrikanischen Piraten angegriffen worden sein. Oder ein Unterwasserbeben hat die Reisenden derart erschreckt, dass sie von Bord gingen. Manche mutmaßen sogar, dass die Besatzung der *Dei Gratia* alle getötet hat.

Letztlich konnte keine dieser Theorien bewiesen werden. Vielleicht werden wir nie erfahren, was genau passiert ist ...

DER FLIEGENDE HOLLÄNDER

1881 arbeitete Prinz George von Wales auf einem Schiff der Royal Navy vor der Küste Australiens, als aus der Dunkelheit ein geisterhaftes, rot leuchtendes Schiff erschien.

1939 sahen zahlreiche Menschen an einem Strand in Kapstadt, Südafrika, ein Schiff, das direkt auf die Küste zusteuerte und verschwand, kurz bevor es im Sand strandete.

Das sind nur zwei von vielen Sichtungen des seltsamen Schiffs. Es wird *Fliegender Holländer* genannt und soll bis in alle Ewigkeit über die Meere segeln. Und das ist noch nicht alles! Immer wenn es von einer anderen Schiffsbesatzung gesichtet wird, geschieht ein Unglück.

Doch wer ist an Bord? Der Kapitän ist wohl der Holländer Hendrick Vanderdecken, der im 16. Jahrhundert Seide und Gewürze von Indonesien nach Holland brachte. Kurz vor dem Kap der Guten Hoffnung, an der Südspitze Afrikas, geriet das Schiff in einen gewaltigen Sturm. Die Besatzung flehte den Kapitän an umzukehren, aber der weigerte sich und schwor, dass sie es um das Kap herum schaffen würden, selbst wenn sie dafür ewig segeln müssten. Daher der Fluch ...

DER FLIEGENDE HOLLÄNDER UND SEINE BESATZUNG WAREN FÜR ALLE EWIGKEIT VERDAMMT!

Gibt es auch eine andere Erklärung? Ab und zu spielt der Verstand denen, die lange auf See sind, einen Streich. Ungewöhnliche atmosphärische Bedingungen können zu seltsamen Sinnestäuschungen führen: zu einer Fata Morgana. Schiffe, die fast außer Sichtweite sind, können nah erscheinen und manchmal scheinen sie über dem Wasser zu schweben. Dazu kommt noch der Aberglaube der Seeleute und die Gespenstergeschichte ist perfekt!

BESUCH AUS DEM ALL

UFOs sind nichts Ungewöhnliches …
Sind Außerirdische also auf dem Weg zu uns?

Unbekannte Flugobjekte (UFOs) erscheinen als Lichtkugeln, rotierende Untertassen oder zigarrenförmige Objekte. Was sie aber gemeinsam haben, ist, dass sie durch nichts erklärbar sind, was von Menschen geschaffen wurde. Manch einer glaubt, dass es sich um außerirdische Raumschiffe handelt. Die US-Regierung hat daher Millionen von Dollar für ihre Erforschung ausgegeben.

Gibt es wirklich Außerirdische? Hier folgen ein paar UFO-Beobachtungen, damit du dir selbst eine Meinung bilden kannst!

DER VORFALL MIT DER JAPANISCHEN FLUGGESELLSCHAFT

1986 erschraken die Piloten einer japanischen Fluggesellschaft, als sie auf einem Flug über Alaska, USA, zwei UFOs am Nachthimmel sahen. Sie hatten so riesige, glühende Raketentriebwerke, dass die Piloten deren Hitze auf ihren Gesichtern spürten. Nachdem die UFOs 10 Minuten lang nebeneinander geflogen waren, verschwanden sie aus dem Blickfeld und etwas noch Außergewöhnlicheres tauchte auf: eine Flugmaschine, die der Pilot als »doppelt so groß wie einen Flugzeugträger« beschrieb. Als Militärflugzeuge eintrafen, waren die Flugobjekte jedoch bereits verschwunden.

DER VORFALL IN TRANS-EN-PROVENCE

1981 bemerkte Renato Nicolai auf seinem Bauernhof in Südfrankreich etwas Eigenartiges. Eine Flugmaschine, in Form von zwei aufeinander gestellten Untertassen und so groß wie ein Kleinwagen, schwebte wenige Meter über dem Boden. Dort verharrte sie 30 Sekunden, stieg dann hoch und flog davon. Sofort rannte Renato dorthin, wo die fliegende Untertasse gewesen war. Außer einem verbrannten Grasfleck war jedoch nichts zu sehen. Wissenschaftler fanden Spuren von ungewöhnlichen Chemikalien und den Beweis, dass das Gras auf 300 Grad erhitzt worden war.

DER VORFALL AUF DER *USS NIMITZ*

2004 schnallte sich der US-Marinepilot David Fravor in seinem Kampfjet an, ehe er vom Flugzeugträger USS *Nimitz* abhob. Er wollte Berichten über ein ungewöhnliches Flugzeug über dem Meer bei San Diego, USA, nachgehen. Wenige Minuten nach dem Start entdeckte David eine Stelle mit aufgewühltem Wasser. Plötzlich tauchte ein rautenförmiges Flugobjekt aus dem Nichts auf. So etwas hatte David noch nie gesehen. Wie konnte es ohne Tragflächen und ohne erkennbaren Motor überhaupt vom Boden abheben? Bevor er herausfinden konnte, wer oder was an Bord war, schoss es mit dreifacher Schallgeschwindigkeit davon.

AUF EINMAL TAUCHTE EIN FLUGOBJEKT AUS DEM NICHTS AUF.

DER HUBSCHRAUBERVORFALL VON MANSFIELD

1973 stieß ein Armeehubschrauber in Ohio, USA, fast mit einem UFO zusammen. Der Pilot sah ein rotes Licht am Horizont. Er dachte sich nichts dabei, bis das Licht immer schneller auf ihn zukam. Er versuchte verzweifelt, den Hubschrauber zu landen, wusste aber, dass er es nicht rechtzeitig schaffen würde. Als er sich auf den Aufprall vorbereitete, hatte das zigarrenförmige Objekt ihn nicht getroffen, sondern schwebte über ihm. Larry versuchte weiter, den Hubschrauber zu landen. Aber er sank nicht, sondern stieg auf! Er wurde von dem außerirdischen Objekt angezogen. Plötzlich gab es einen Ruck, der Hubschrauber sackte leicht ab und das seltsame Flugobjekt war verschwunden ...

BEGEGNUNGEN MIT ALIENS – HAUTNAH!

Diese Leute behaupten nicht nur, ein UFO gesehen zu haben ... Sie waren sogar an Bord!

ROBERT TAYLOR

An einem Novembermorgen 1979 in der Nähe von Edinburgh, Schottland, machte der Förster Robert »Bob« Taylor mit seiner Hündin Lara seine übliche Runde durch den Wald, um nach verirrten Rindern oder Schafen zu suchen.

Lara rannte ins Unterholz, während Bob auf eine Lichtung zusteuerte. Plötzlich wurde er von einem hellen Lichtstrahl getroffen. Eine fliegende Untertasse aus grauem Metall erschien vor ihm, so groß wie ein Elefant und mit seitlichen Propellern.

Zwei stachelige Kugeln fielen aus dem Raumschiff auf die Wiese. Sie schienen Bob wahrzunehmen und rollten auf ihn zu. Dann hakte sich ein Stachel von jeder Kugel an Bobs Hosenbein fest. Stinkender Brandgeruch umgab ihn ...

DANN SPÜRTE BOB, WIE ER ZUR UNTERTASSE GEZOGEN WURDE.

Bob wurde ohnmächtig. Als er wieder aufwachte, bellte Lara wie wild, aber die Untertasse war weg. Bobs Hose war zerrissen und mit Schlamm bedeckt, er hatte Schnittwunden am Kinn und starke Kopfschmerzen. Als Bob später mit der Polizei die Lichtung untersuchte, sahen sie, dass das Gras plattgedrückt war. Außerdem waren viele Löcher in der Erde, die möglicherweise von den stacheligen Kugeln stammten.

In diesem Teil Schottlands werden jedes Jahr Hunderte von UFOs gesichtet. Aber wurde Bob tatsächlich auch an Bord genommen?

BARNEY UND BETTY HILL

Im September 1961 fuhren Barney und Betty Hill spätabends durch New Hampshire, USA, als sie ein helles Licht am Himmel bemerkten. Es kam immer näher und schien ihnen zu folgen. Bald konnten sie die Umrisse von etwas erkennen, das die Form eines riesigen Pfannkuchens hatte. Was in aller Welt war das?

Der Pfannkuchen flog immer tiefer, bis er direkt über ihrem Auto schwebte. Barney bremste und stieg aus, um sich das Ganze genauer anzusehen. Durch die Fenster des Raumschiffs sah er graue Gestalten und an der Unterseite fuhr eine Rampe aus. Barney war klar, dass diese Besucher ihn und Betty mitnehmen wollten. Er sprang zurück ins Auto, um zu fliehen. Doch beide durchfuhr ein vibrierender Stoß und sie wurden ohnmächtig.

2 Stunden später kamen sie auf einer völlig anderen Straße zu sich. Ihre Kleidung war zerrissen und die Schuhe kaputt. Sie waren mit feinem rosa Staub bedeckt und ihr Auto war mit seltsam glänzenden Flecken übersät. Beide wussten nicht mehr, was geschehen war.

Später wurde Barney hypnotisiert, in der Hoffnung, dass er sich an irgendetwas erinnern könnte. Er erzählte, wie er auf das Raumschiff gebracht wurde, wo menschenähnliche Wesen mit großen Augen Betty und ihn untersuchten. Sie schnitten ihnen Haarsträhnen und Fingernägel ab und schauten in ihre Ohren und Münder. Scheinbar versuchten sie zu verstehen, wie der menschliche Körper funktioniert. Barney erinnerte sich daran, dass sie mit ihren Entführern durch Gedanken kommunizierten. Als man sie gehen ließ, wurden ihre Erinnerungen gelöscht.

Sind diese beiden eigenartigen Ereignisse wirklich passiert? Bob, Barney und Betty beharrten darauf, dass es so war.

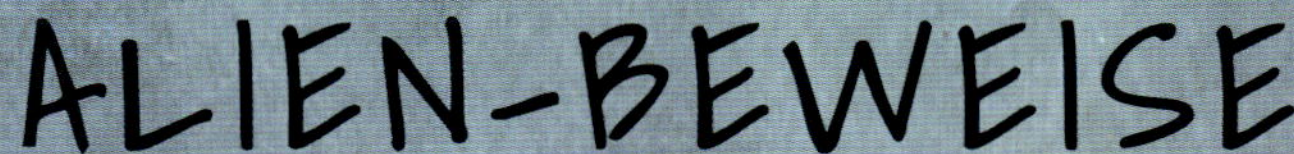

ALIEN-BEWEISE

Sind die Außerirdischen längst hier?

WOW!-SIGNAL

»SETI« steht für die »Suche nach extra-terrestrischer Intelligenz« – mit anderen Worten, nach Außerirdischen! In der SETI-Wissenschaft werden Radioteleskope – riesige Schüsseln – eingesetzt, um Audiosignale aus den Tiefen des Weltalls aufzufangen. Das Universum ist ein lauter Ort, denn auch Planeten und Sterne senden natürliche Radiowellen aus. In diesem Lärm ist es schwierig, etwas Ungewöhnliches herauszufiltern. Alles, was die Schüsseln empfangen, wird aufgezeichnet, sodass man unterscheiden kann, ob etwas Besonderes vorliegt.

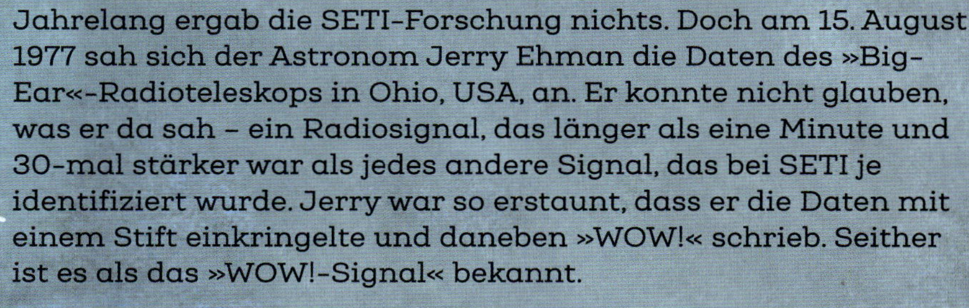

Jahrelang ergab die SETI-Forschung nichts. Doch am 15. August 1977 sah sich der Astronom Jerry Ehman die Daten des »Big-Ear«-Radioteleskops in Ohio, USA, an. Er konnte nicht glauben, was er da sah – ein Radiosignal, das länger als eine Minute und 30-mal stärker war als jedes andere Signal, das bei SETI je identifiziert wurde. Jerry war so erstaunt, dass er die Daten mit einem Stift einkringelte und daneben »WOW!« schrieb. Seither ist es als das »WOW!-Signal« bekannt.

Stammte das Signal von Außerirdischen? Auch heute kann das niemand mit Sicherheit sagen. Man hat nie wieder etwas Ähnliches gehört. Die Möglichkeit, dass es irgendwo intelligentes Leben gibt, besteht trotzdem …

LEBEN AUSSERIRDISCHE IN DEN USA?

In den 1970er Jahren wurden in der Stadt Dulce in New Mexico, USA, UFOs und US-Militärhubschrauber beobachtet, die regelmäßig über die Stadt flogen. Was war da los?

UFO-Fan Paul Bennewitz glaubte, dass das US-Militär an einem geheimen Platz in Dulce mit Außerirdischen zusammenarbeite. Ein anderer Fan, Phil Schneider, behauptete, sogar dort gearbeitet zu haben. Er beschrieb einen siebenstöckigen, unterirdischen Komplex, in dem UFOs landen konnten. Hier führten Menschen und Außerirdische wissenschaftliche Experimente durch. Phil erzählte sogar, er habe drei Finger verloren, als ein Außerirdischer einen Laserstrahl auf ihn abgefeuert habe!

Ist das wahr? In der Umgebung von Dulce gibt es keine Türen oder Lüftungsschächte, die in den Untergrund führen ... nichts, was auf einen unterirdischen Komplex deuten würde. Aber vielleicht ist genau das der Punkt. Schließlich ist es eine geheime Anlage!

DIE UFO-BRUCHLANDUNG VON ROSWELL

Im Juli 1947 fand William Brazel auf einer Ranch außerhalb von Roswell, New Mexico, USA, seltsamen Schrott: Zinnfolie, Holz und Gummistreifen. Er zeigte alles dem Armeeoffizier Major Jesse Marcel, der daraufhin den Fundort untersuchte. Am nächsten Tag verkündete die Lokalzeitung, dass ein abgestürztes UFO gefunden worden war!

Das US-Militär stritt diese Meldung sofort ab: Das Material sei aus einem Wetterballon gefallen. Aber die Menschen glaubten, dass hier etwas vertuscht werden sollte. UFO-Fans behaupteten sogar, dass in den Wrackteilen Außerirdische gefunden wurden.

Es heißt, dass Wrackteile und Leichen zu einer streng geheimen US-Militärbasis in Nevada gebracht wurden. In der Area 51 sollte die fliegende Untertasse Auskunft darüber geben, wie die außerirdische Technologie funktioniert, während man die Leichen untersuchte, um die Körperfunktionen der Außerirdischen zu verstehen.

Das US-Militär bestreitet, dass dies jemals geschah ...

LICHTER AM HIMMEL

Für die meisten Lichter gibt es eine einfache Erklärung, aber manchmal erscheint auch etwas Rätselhaftes.

LICHTSÄULEN

Lichtsäulen sind Lichtstrahlen, die von der Erde hoch in den Himmel ragen, als ob jemand mit einem gewaltigen Scheinwerfer in die Dunkelheit leuchtet. In Städten sieht man sie nicht – dort sind zu viele andere helle Lichter – aber in klaren, kalten Nächten auf dem Land, wo es weniger Straßenlaternen gibt, kann es aussehen, als ob ein Lichterwald in den Himmel wüchse.

Auf den ersten Blick scheint das wie etwas Übernatürliches, oder als beleuchteten Außerirdische ihren Weg zur Erde. Doch die Ursache für dieses wunderschöne Naturphänomen ist Eis.

Wenn es kalt genug ist, gefriert die Feuchtigkeit in der Luft zu Tausenden winzigen Eiskristallen. Haben diese Eiskristalle die richtige Form, nämlich flache Seiten, werden sie zu winzigen Spiegeln, die jegliches Licht unter sich zurück zur Erde werfen. Wenn viel Eis in der Luft ist, wird viel Licht reflektiert und man kann eine gespenstische Säule in den Himmel ragen sehen.

POLARLICHTER

Die Aurora Borealis (Nordlicht) und Aurora Australis (Südlicht) sind wunderschön schimmernde Farbbänder, die sich im hohen Norden und Süden über den Himmel unseres Planeten ziehen. In der Mythologie galten diese Lichter als Brücken zu anderen Welten. Aber was sind sie wirklich?

Diese Lichter entstehen, wenn geladene Teilchenströme von der Sonne auf unsere Atmosphäre treffen. Die Erde hat ihr eigenes starkes Magnetfeld – deshalb haben wir einen Nord- und Südpol – und die Teilchen werden von dieser Magnetkraft zu den Polen gezogen. Dort stoßen sie mit Molekülen unserer Atmosphäre zusammen und Energie wird in Form von Licht freigesetzt.

Wissenschaftlich kann man genau erklären, wie diese Lichter entstehen, die in leuchtenden Streifen in Rot-, Grün- und Blautönen über den Nachthimmel ziehen. Aber es hat etwas Magisches und es ist allzu verständlich, warum die Menschen einst glaubten, es seien Pfade zu den Göttern.

LICHTKUGELN SCHWEBEN TAG UND NACHT ÜBER DEM TAL.

NORWEGENS MAGISCHE LICHTER

Am Himmel über dem norwegischen Dorf Hessdalen geht Seltsames vor sich. Seit fast 100 Jahren beobachten die Menschen hier Lichtkugeln, so groß wie Autos, die über dem Tal stundenlang in der Luft schweben. Manche glauben, dass Außerirdische dahinterstecken. Doch vielleicht hat die Wissenschaft eine bessere Erklärung?

Jahrelange Untersuchungen führten zu vielen Theorien. Eine davon besagt, dass das ganze Tal wie eine riesige Batterie ist, die Luftblasen in glühende Lichtkugeln verwandelt. Andere glauben, dass kosmische Strahlen – winzige, hochenergetische Sonnenteilchen – dafür verantwortlich sind. Einer weiteren Theorie zufolge erzeugt die Strahlung der Erde Kugeln aus Plasma, einem Gas, das so energiereich ist, dass es leuchtet. Die Fachleute sind sich nicht einig, wie die Lichter entstehen. Vielleicht stellen sie eines Tages fest, dass doch Außerirdische dahinterstecken!

WAS SO ALLES VOM HIMMEL FÄLLT

Stell dir vor, du gerätst in einen dieser Regengüsse.

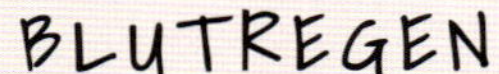

BLUTREGEN

2001 fiel in Kerala in Südindien 3 Monate lang blutroter Regen. Und das war nicht das erste Mal! Im Laufe der Geschichte ist dieses seltsame Phänomen schon öfter aufgetreten. Die Menschen hielten es für einen Vorboten schrecklicher Ereignisse, was die Bevölkerung Keralas beunruhigte.

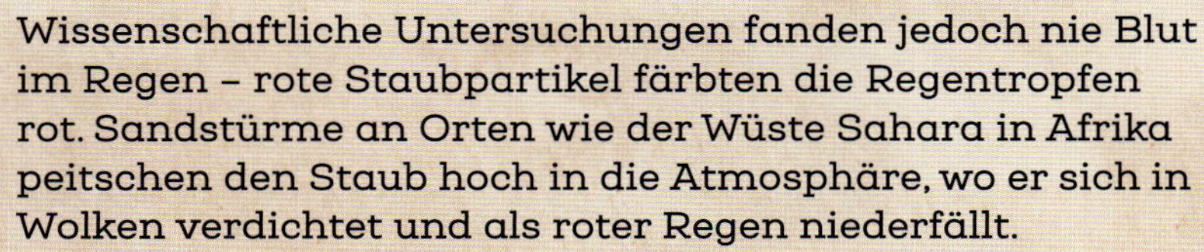

Wissenschaftliche Untersuchungen fanden jedoch nie Blut im Regen – rote Staubpartikel färbten die Regentropfen rot. Sandstürme an Orten wie der Wüste Sahara in Afrika peitschen den Staub hoch in die Atmosphäre, wo er sich in Wolken verdichtet und als roter Regen niederfällt.

Doch bei der Untersuchung des Blutregens in Kerala erlebte man einen großen Schock. Er enthielt zwar ebenfalls kein Blut, Staub aber auch nicht! Schlimmer noch, darin war etwas Lebendiges, etwas, das man nie zuvor gesehen hatte.

Was war da los? Kurz bevor der Regen in Kerala einsetzte, meldete die Weltraumforschung ein mysteriöses Objekt, das in unserer Atmosphäre explodierte. Hingen diese Ereignisse zusammen? Handelte es sich bei dem Blutregen um einen Angriff von Außerirdischen?

Bei näherer Betrachtung fanden sich Flechtensporen in dem roten Regen, eine Pilzart, die auf Bäumen wächst. Auch auf Bäumen in Kerala fand man die Pilze. Es handelte sich also nicht um eine außerirdische Invasion. Aber wie genau die Flechtensporen in die Wolken gelangt sind, wurde noch nicht geklärt …

GLIBBER-REGEN

Stell dir vor, du wachst morgens auf und entdeckst überall im Garten seltsamen Glibber. 2009 ist genau das den Einwohnern von Penland, Schottland, passiert. Die sonderbaren, weißen, wabbeligen Kleckse wurden überall gefunden. Was war das und woher kam es?

Früher glaubte man, dass Glibber auf die Erde regnet, wenn Raketen auf die Erdatmosphäre treffen. Das nannte man »Sternenrotz«. Wissenschaftlich lässt sich nicht belegen, dass er aus dem Weltraum stammt. Es könnten Überreste von Fröschen sein, eine Art Schleimpilz oder sogenannte Bryozoen – winzige Wasserlebewesen, die große geleeartige Gruppen bilden können. Jede dieser Theorien könnte stimmen, aber keine erklärt, warum er vom Himmel fällt …

FISCHREGEN

1855 waren die Menschen in Yoro, einer kleinen Stadt in Honduras, arm und hungrig. Der Pater José Manuel Subirana begann für ein Wunder zu beten. Nach 3 Tagen zog ein gewaltiges Unwetter über die Stadt. Als es nachließ, lagen Hunderte silbrige Fische auf dem Boden verstreut.

Seit 100 Jahren feiern die Einwohner von Yoro jedes Jahr den Fisch-Regen und bis heute liegen nach manchen Regenschauern zappelnde Fische auf den Straßen. Und nicht nur in Yoro! Berichte über Fische, die vom Himmel fallen, gab es schon häufiger, vom alten Griechenland bis nach Australien.

Ist es also ein Wunder? Vermutlich nicht. Es könnte sein, dass sich über den Seen in der Umgebung kleine Wirbelstürme bilden, die Wasser und Fische mitreißen. Was nach oben steigt, muss auch wieder herunterkommen. Oder sind die Fische gar nicht vom Himmel gefallen? In den Höhlen Yaros entstehen nach starken Regenfällen unterirdische Flüsse, die über die Ufer treten. Dadurch könnten die Fische an die Oberfläche getrieben worden sein. Aber wenn das stimmt, müssten dann nicht auch die anderen Flussbewohner auf der Straße liegen?

GEHEIMNISVOLLE GEGENDEN

Manche behaupten, unser Planet verfüge über seltsame Energien ...

DIE ZONE DER STILLE IN MAPIMÍ

Am 11. Juli 1970 startete der Testflug einer 7 Tonnen schweren und mehrere Etagen hohen Rakete von einer Militärbasis in Utah, USA, zu einem Luftwaffenstützpunkt in New Mexico. Allerdings funktionierte das Navigationssystem nicht richtig und die Rakete stürzte in der Nähe der Stadt Chihuahua in der Mapimí-Wüste, Mexiko, ab.

Damit die Rakete nicht in falsche Hände geriet, entsandte die US-Regierung umgehend Teams, die sie bergen sollten. Aber die Rakete war gar nicht so leicht zu finden. In Mapimí angekommen, stellten die Suchtrupps fest, dass keines ihrer Funkgeräte und Walkie-Talkies funktionierte. Nach wochenlanger Suche wurde die Rakete schließlich gefunden, aber das Rätsel um die Funkgeräte blieb.

Die Rakete war in einem Gebiet gelandet, das als *La Zona del Silencio* (Zone der Stille) bekannt ist. Elektronische Geräte fallen dort aus. Vielleicht ist die Rakete deshalb abgestürzt. Hier geschehen auch andere seltsame Dinge: Tiere und Pflanzen werden angeblich viel größer als gewöhnlich, magnetische Kompassinstrumente spielen verrückt, der Ort ist mit Meteoriten übersät und es gibt zahlreiche Berichte über UFOs. Viele behaupten sogar, hier Außerirdischen begegnet zu sein. Was könnte da los sein?

Man vermutet, dass der Boden dank ungewöhnlicher Mineralien eine seltsame »Erdenergie« abgibt. Es ist nicht klar, wie sich diese Energie auswirkt, aber sie ist stark. Es gibt jedoch auch andere Behauptungen: Die ganze Geschichte wurde erfunden, um Schaulustige anzulocken, damit die örtlichen Unternehmen mehr Geld verdienen.

Unerklärliche Erdenergie oder außerirdische Touristenfalle? Es gibt nur eine Möglichkeit, das herauszufinden! Fahr selbst hin!

DAS BERMUDADREIECK

Am 5. Dezember 1945 starteten fünf Militärflugzeuge von ihrem Stützpunkt in Florida, USA, zu einem Übungsflug. Kaum waren sie über dem Meer, liefen die Dinge aus dem Ruder. Mit den Instrumenten im Cockpit ging etwas Merkwürdiges vor sich, sodass die Piloten verwirrt waren und nicht mehr wussten, wo sie waren, wie hoch sie flogen und in welche Richtung sie zurückfliegen mussten.

Als der Treibstoff zur Neige ging, riefen die Piloten über Funk um Hilfe. Sie mussten schnell Festland finden, um zu landen. Ein Rettungsflugzeug startete, um nach ihnen zu suchen – doch auch das verschwand.

FLUGZEUGE UND CREW WURDEN NIE GEFUNDEN.

Dies ist nur eines von vielen tragischen Ereignissen in dem von Geheimnissen umwobenen Meeresabschnitt zwischen den Bermudas, der Küste Floridas und Puerto Rico: dem Bermudadreieck. Im Laufe der Jahre sind Hunderte von Schiffen und Flugzeugen hier verschwunden. Die Frage ist: warum?

Es gibt viele verrückte Theorien: übernatürliche Kräfte, magnetische Energien oder Risse im Meeresboden, unter denen Unterwasservulkane heiße, brennbare Gase ausstoßen.

Die aktuelle Forschung liefert endlich eine Antwort: Zwar geraten viele Flugzeuge und Schiffe im Bermudadreieck in Schwierigkeiten, aber nicht öfter als normal. Es ist ein gefährliches Gebiet, in dem sehr schnell Stürme aufziehen können. Zudem ist es eine stark befahrene Region. Wenn viele Flugzeuge und Schiffe das Dreieck durchqueren, ist klar, dass auch die Zahl derer, die in Schwierigkeiten geraten, höher ist!

BIZARRE FELSBROCKEN

Bei diesen geheimnisvollen Felsen ist nichts in Stein gemeißelt.

WANDERNDE FELSEN

1915 war der Goldgräber Joseph Crook in Nevada, USA, auf der Suche nach Reichtum. Er erkundete gerade einen ausgetrockneten See im Death Valley, als er auf etwas Außergewöhnliches stieß. Über den Boden zogen sich lange Spuren. Es sah so aus, als stammten sie von Steinen, die sich über den Seegrund bewegt hatten. Fußspuren gab es allerdings keine ...

DIE FELSEN MÜSSEN SICH VON ALLEIN BEWEGT HABEN.

Einige Felsen waren so groß, dass sie unmöglich der Wind bewegt haben konnte. Manche Spuren waren gerade, andere kurvig und wieder andere hatten spitze Winkel. Was war hier los?

Jahrelang gab es keine Antwort darauf. In den 1970er Jahren begann ein Team, die Bewegungen aufzuzeichnen. In den ersten 12 Monaten bewegten sich 10 Steine, die von den Geologen Namen bekommen hatten: Mary-Ann legte 65 Meter zurück, Nancy, der kleinste Stein, kam auf 201 Meter und Karen verschwand sogar!

Jahrzehnte später wurden Kameras mit Bewegungsmeldern installiert, um die Felsen zu verfolgen. Sie zeigten, dass Wasserlachen im Winter über Nacht gefroren und am Morgen wieder auftauten. Riesige Eisplatten, die in den Pfützen schwammen, wurden vom Wind verweht und trieben die kleineren Felsen durch den Schlamm. Aber niemand hat bisher gesehen, wie die größeren Felsen von der Stelle kommen ...

WANDERNDER SAND

In der Olduvai-Schlucht in Tansania, Afrika, gibt es zwei große schwarze Sanddünen, die nicht nur viel dunkler als der Boden um sie herum sind – sie tun auch etwas sehr Seltsames.

Diese riesigen, sichelförmigen Hügel kriechen pro Jahr über 10 Meter weit! Man geht davon aus, dass sie schon seit etwa 3 Millionen Jahren durch die Savanne wandern. Das Merkwürdigste daran: Der Sand in diesen Dünen klebt zusammen. Wenn man eine Handvoll davon in die Luft wirft, wird er nicht vom Wind verweht. Die seltsamen schwarzen Partikel verklumpen stattdessen und fallen zurück auf die Erde.

Die einheimischen Massai glauben, dass der Sand heilig ist und vom nahe gelegenen Berg Ol Doinyo Lengai, dem Berg Gottes, stammt. Andere sagen, dass die Dünen aus vulkanischer Asche bestehen, die mit magnetischem Eisen angereichert ist. Die magnetische Anziehungskraft führt dazu, dass die Dünen nicht auseinanderbrechen. Stattdessen bewegen sie sich Korn für Korn, Zentimeter für Zentimeter, und wandern bis in alle Ewigkeit.

KLINGENDE STEINE

Die Stadt Upper Black Eddy in Pennsylvania, USA, ist für die Musik ihrer Steine bekannt. Auf einer Waldlichtung namens Ringing Rocks Park liegen Tausende unterschiedlich geformte Felsbrocken. Wenn man sie mit einem Hammer sanft anschlägt, klingeln sie hell wie eine Glocke.

Die Felsen bestehen aus Diabasgestein, aber nicht alle Felsen aus diesem Gestein klingeln. Tatsächlich klingt nur etwa ein Drittel der Black Eddy-Felsen richtig schön. Was also ist das Besondere an ihnen?

Manche führen dieses Glockenspiel auf übernatürliche Kräfte zurück. Für sie deutet das Fehlen von Pflanzen und Tieren in der Umgebung der Felsen darauf hin, dass etwas Unheimliches vor sich geht.

Geologischen Thesen zufolge kommt es wahrscheinlich darauf an, wie diese Gesteine tief im Erdinneren entstanden sind. Noch handelt es sich aber um ein musikalisches Rätsel, das ungelöst bleibt ...

WUNDERSAME GEWÄSSER

Pass auf! Sonst landest du im tiefen Wasser.

RÄTSELHAFTE WÜSTENSEEN

In der Mongolei, im Norden Chinas, liegt die riesige Wüste Badain Jaran. Dort befinden sich einige der größten Sanddünen der Welt – höher als das Empire State Building in New York. Zwischen ihnen, mitten in der heißen, trockenen Wüste, liegen über 100 Seen. Kein Wunder, dass die Mongolen diesen Ort »Wunderseen« nennen.

WIE KOMMEN DIESE SEEN MITTEN IN DIE WÜSTE?

Es könnte sein, dass das Wasser, das dort durch Risse und Poren im Gestein unter dem Wüstenboden dringt, schon seit Tausenden von Jahren vorhanden ist. Oder es stammt aus Flüssen, die Hunderte von Kilometern entfernt in den Bergen rund um die Wüste entspringen. Wenn hier oben auf den hohen Schneegipfeln das Eis schmilzt, sickert das Wasser zudem in die Erde und gelangt schließlich in die Wüste.

Aber warum versickert das Wasser nicht einfach im Sand? Es könnte daran liegen, dass er hier so fein ist. Wenn er nass wird, verklumpt er und bildet einen zähen Pfropfen. Dadurch kann das übrige Wasser nicht mehr abfließen und bleibt in den Tümpeln hängen. Diese Seen sind wirklich ein bizarrer Anblick.

BLOOD FALLS

Am Rand der Antarktis stürzt etwas, das wie ein Wasserfall aus Blut aussieht, in einen gefrorenen See. Dieser über 30 Meter hohe »Blutfall« ist ein Rätsel, seit er vor über 100 Jahren entdeckt wurde. Inzwischen glaubt man zu wissen, was hier vor sich geht ...

Das blutrote Eis gehört zu der sich langsam bewegenden Eisscholle namens Taylor-Gletscher, der einem versunkenen Eissee 400 Meter unter der Erde entstammt. Es dauert 1,5 Millionen Jahre, bis er an die Oberfläche gelangt. Der Gletscher sieht aus wie jeder andere – das Eis färbt sich erst blutrot, wenn es die Oberfläche erreicht.

Das Eis enthält zwar kein Blut, aber dafür Eisen, das auch im Blut vorkommt. Das Eisen wird vom Gletscher tief unter der Erde aus eisenhaltigem Gestein gelöst. Dann gelangt es langsam an die Oberfläche, wo es auf den in der Luft enthaltenen Sauerstoff trifft. Hier macht es das, was Eisen an der Luft tut: Es rostet und färbt dabei das Eis blutrot.

DER MILCHSHAKE-SEE

Auf einer winzigen Insel im Südwesten Australiens gibt es einen See, der nur wenige Meter vom tiefblauen Ozean entfernt liegt. Das Wasser ist so rosa wie ein Erdbeermilchshake. Es gibt aber noch keine endgültige wissenschaftliche Erklärung dafür, was genau ihm diese ungewöhnliche Farbe verleiht.

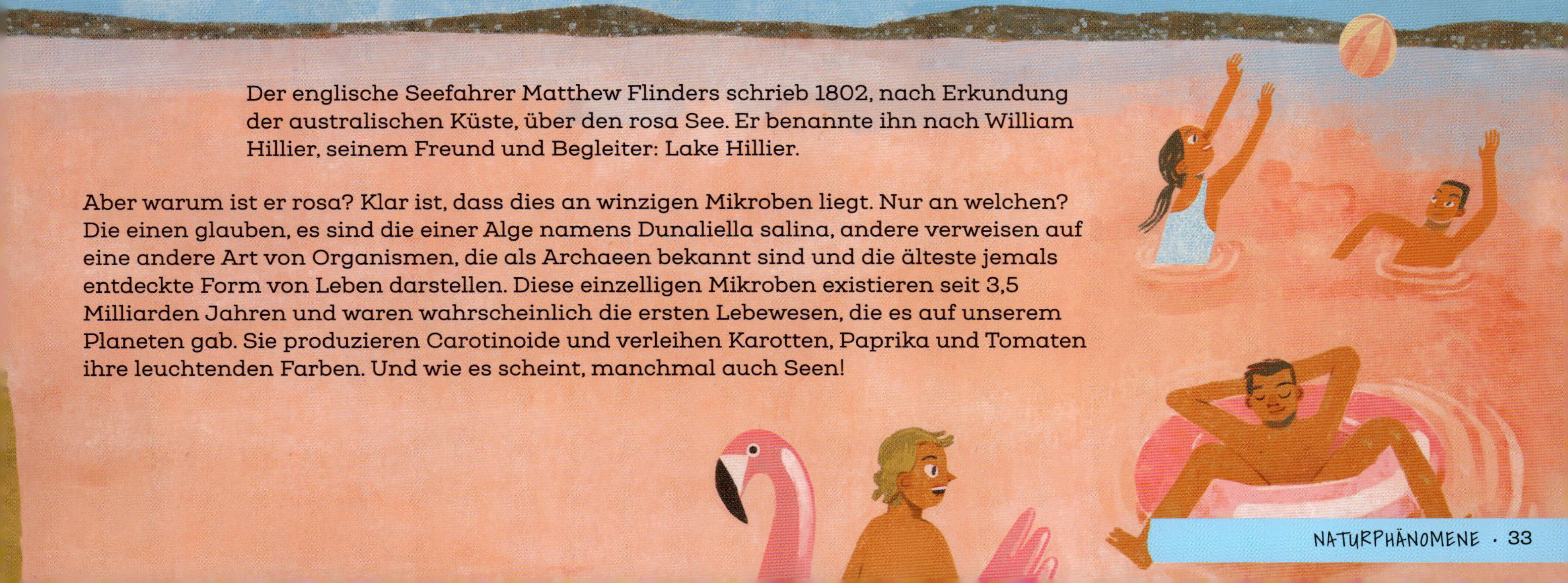

Der englische Seefahrer Matthew Flinders schrieb 1802, nach Erkundung der australischen Küste, über den rosa See. Er benannte ihn nach William Hillier, seinem Freund und Begleiter: Lake Hillier.

Aber warum ist er rosa? Klar ist, dass dies an winzigen Mikroben liegt. Nur an welchen? Die einen glauben, es sind die einer Alge namens Dunaliella salina, andere verweisen auf eine andere Art von Organismen, die als Archaeen bekannt sind und die älteste jemals entdeckte Form von Leben darstellen. Diese einzelligen Mikroben existieren seit 3,5 Milliarden Jahren und waren wahrscheinlich die ersten Lebewesen, die es auf unserem Planeten gab. Sie produzieren Carotinoide und verleihen Karotten, Paprika und Tomaten ihre leuchtenden Farben. Und wie es scheint, manchmal auch Seen!

SELTSAME KREISE

Diese außergewöhnlichen Ringe stellen die Forschung vor ein Rätsel.

FEENKREISE IN DER WÜSTE

Die Namib-Wüste in Namibia ist mit eigenartigen »Feenkreisen« übersät. Während der größte Teil des Wüstenbodens von Sträuchern und Gräsern bedeckt ist, die mit den harten Bedingungen zurechtkommen, gibt es auch Tausende von Kreisen, in denen absolut nichts wächst. Von oben betrachtet sieht es so aus, als hätte die Wüste einen Ausschlag.

Die Himba, das dort lebende Volk, behaupten, dass die Kreise nicht von Feen stammen, sondern die Fußabdrücke des Gottes Mukuru seien. Oder lebt ein Drache unter der Wüste, dessen giftiger Atem die darüber wachsenden Pflanzen tötet?

Oder könnte es sein, dass Termiten alle Pflanzenwurzeln durchkauen und einen unfruchtbaren Fleck Erde hinterlassen? Neue Erkenntnisse weisen eher darauf hin, dass sich die Gräser selbst organisieren. Sie wachsen kreisförmig, um das gesamte Wasser aus dem Inneren des Kreises zu ziehen und es gleichmäßig unter sich zu verteilen – wodurch diese außergewöhnlichen Feenkreise entstehen.

EISKREISE AUS DEM ALL

2009 entdeckte das Team der Internationalen Raumstation etwas Seltsames in einem der tiefsten und ältesten Seen der Welt, dem Baikalsee in Sibirien, Russland. Dort ist es so kalt, dass sich auf der Oberfläche des Sees Eis bildet, das über einen Meter dick ist. Vom Weltraum aus sind riesige Ringe mit einem Durchmesser von über 3 Kilometern im Eis zu sehen. Von welchem Riesen stammen sie wohl?

Der Legende nach lebte unter dem Eis ein Wasserdrache, der durch seinen riesigen schwingenden Schwanz die Erde aufriss und den See entstehen ließ. Um dem wissenschaftlich nachzugehen, wurden Löcher ins Eis gebohrt und Kameras bis auf den Grund gelassen. Es stellte sich heraus, dass kein Drache die Ringe entstehen lässt, sondern Mini-Vulkane, die sich auf dem Grund des Sees befinden und heiße Gase aus dem Inneren der Erde ausstoßen.

Die Gase erwärmen das Wasser und es entstehen extrem starke Unterwasserströmungen. Wenn das heiße Wasser aufsteigt und das kalte absinkt, bilden sich riesige, sich drehende Strudel aus warmem Wasser. In das darüber liegende Eis schmelzen diese »Whirlpools« gigantische Ringe, die vom Weltall aus sichtbar sind.

WIE ENTSTEHEN DIESE SELTSAMEN KORNKREISE?

FLURSCHADEN?

1978 ereigneten sich auf den Feldern in Südengland merkwürdige Dinge. Plattgewalzte Pflanzen tauchten über Nacht auf und zeigten kreisförmige Muster.

Untersuchungsteams, die »Zerealogen«, hielten Nacht für Nacht Wache und stellten Kameras mit Bewegungsmeldern auf. Hatte ein unbekanntes Naturphänomen diese Kornkreise verursacht? Oder waren es Landeplätze für fliegende Untertassen?

Über die Jahre sind Tausende von Kornkreisen gesichtet worden. Streiche und Besuche von Außerirdischen wurden ausgeschlossen. Man vermutete, dass seltsame Wetterbedingungen, wie etwa winzige Wirbelstürme, dafür verantwortlich sein könnten.

20 Jahre nachdem die ersten Kreise aufgetaucht waren, wurde das Rätsel gelöst. Die Bauern Doug Bower und David Chorley gestanden, dass sie mit einer einfachen Technik aus Seilen und Holzbrettern die Felder geebnet hatten, um die Kreise zu erzeugen. Man hatte bereits vermutet, dass dahinter Scherzbolde steckten.

SEEMANNSGARN?

Womöglich gibt es im Meer noch andere – etwas größere – Dinge als Fische!

Ozeane sind tiefe, dunkle, gefährliche Orte. Daher ist es kein Wunder, dass es immer wieder Geschichten über Seeungeheuer gibt. Ständig werden neue Fischarten entdeckt. Es sollte uns also nicht überraschen, wenn es einige der furchterregenden Kreaturen, die im Laufe der Jahrhunderte aufgetaucht sein sollen, tatsächlich gibt.

ACHTUNG! UNGEHEUER!

Auf den antiken Karten des Mittelalters war nicht nur die Lage einzelner Länder verzeichnet, sondern auch alles, was die Seeleute unter den Wellen vermuteten. Gefährliche Stellen auf den Meeren waren mit Warnhinweisen markiert. Jahrhundertelang glaubte man, jedes Landlebewesen hätte eine Entsprechung im Meer, wie Seehunde, Seelöwen … und sogar Seeschweine!

Aber die Karten verzeichneten auch ungewöhnlichere Tiere. Die Ichthyokentauren, eine furchterregende Mischung aus Schlange, Mensch und Pferd, walähnliche Ungeheuer mit großen Stoßzähnen und tödliche Sirenen – Meerjungfrauen, die Seeleute mit ihrem Gesang verzaubern und in ein nasses Grab schicken konnten. Und dann war da noch der Krake …

DER KRAKE WAR DIE GEFÜRCHTETSTE MEERESKREATUR ÜBERHAUPT.

Der Krake ist ein Riesenkalmar und so groß, dass er ein Schiff umfassen und es unter Wasser ziehen kann. Dieses furchteinflößende Tier wurde besonders oft im Meer bei Skandinavien gesichtet. Häufig brachten sich Seeleute auf einer Insel in Sicherheit, da der Krake ihnen auf dem Meer auflauerte.

Solch alte Geschichten sind heute schwer zu glauben. Sie verselbstständigten sich im Laufe der Zeit und wurden zu Mythen und Legenden. Gibt es noch mehr Sichtungen solcher Monster? Oh ja! Jede Menge …

U-BOOT-SICHTUNG

Im Ersten Weltkrieg patrouillierte das deutsche U-Boot *UB-85* eines Abends vor der britischen Küste und hielt nach feindlichen Schiffen Ausschau. Beim Auftauchen bemerkte die Besatzung einen gewaltigen Stoß, als etwas unter Wasser auf das Boot traf. Kapitän Günter Krech beobachtete, wie ein fürchterliches Seeungeheuer aus dem Wasser auftauchte und auf das U-Boot kletterte. Es hatte riesengroße Augen, einen kleinen, gehörnten Schädel und im Mondlicht blitzende Zähne.

Das U-Boot drohte unter dem Gewicht des nassen Ungetüms in den Wellen zu versinken, woraufhin der Kapitän das Feuer eröffnete. Schließlich glitt die Kreatur zurück in die schwarze Tiefe. *UB-85* war beschädigt und bewegungsunfähig. Als am nächsten Morgen ein Schiff der britischen Royal Navy, die *HMS Coreopsis II*, eintraf, ergab sich die deutsche Besatzung erleichtert und wurde gerettet.

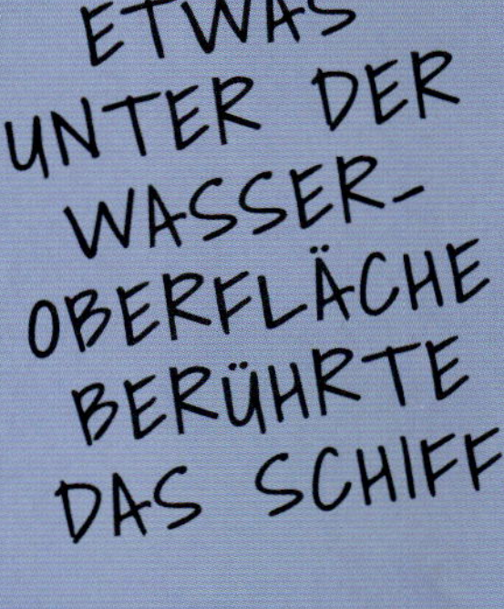

ATLANTISCHE IRRFAHRT

50 Jahre später stießen britische Soldaten auf ein Monster aus der Tiefe. Captain John Ridgeway und Sergeant Chay Blyth hatten im Sommer 1966 den Versuch unternommen, den Atlantik in einem Ruderboot zu überqueren.

Während der Fahrt bemerkte John eines Nachts eine Art Strudel in der Nähe ihres Bootes und glaubte, etwas gesehen zu haben, das sich unter der Wasseroberfläche drehte und wendete. Das Ding war über 10 Meter lang und leuchtete im Dunkeln. Es schwamm um das Boot herum, tauchte darunter her und schien ihnen zu folgen. John hatte Angst, denn er wusste, wenn das Boot umkippte, wäre ihnen der Tod gewiss! Glücklicherweise schwamm die mysteriöse Kreatur schließlich weg und ließ die beiden ratlos zurück.

DAS UNGEHEUER VON LOCH NESS

Ungeheuer leben nicht nur im Meer. Wenn du in diesen schottischen See eintauchst, könntest du einen Riesenschreck bekommen.

Das berühmteste Wassermonster ist das Ungeheuer von Loch Ness, das im Herzen Schottlands leben soll. Dort, zwischen imposanten Bergen und tiefen, dunklen Seen, wimmelt es von Mythen, Geheimnissen und Erzählungen über Monster, Kobolde und schattenhafte Geister. Die meisten wissen, dass dies nur Geschichten sind, aber »Nessie« ist irgendwie anders.

Manch einer sucht schon sein ganzes Leben nach ihr. Aber gibt es sie wirklich oder ist sie nur ein Mythos? Der See Loch Ness ist 36 Kilometer lang und über 200 Meter tief – also durchaus groß genug für ein Ungeheuer.

Viele behaupten, sie gesehen zu haben. Sie beschreiben ein riesiges Wassertier mit langem Schwanz und Hals, einem plumpen Körper und vier großen Flossen. Diese Beschreibung erinnert an ein riesiges Meeresreptil, einen sogenannten Plesiosaurier. Allerdings sind die schon vor über 65 Millionen Jahren ausgestorben.

NUR EINE GESCHICHTE?

Hinweise darauf, dass es das Ungeheuer von Loch Ness wirklich gibt, sind sehr spärlich. Die Plesiosaurier starben mit den Dinosauriern aus. Könnten Nessie und andere uralte Kreaturen tatsächlich überlebt haben? Das ist nicht ganz unmöglich. Krokodile, Haie und Pfeilschwanzkrebse gab es bereits zur Zeit der Dinosaurier, sie überlebten viele Jahrmillionen. Im Unterschied zu Nessie waren sie nicht die ganze Zeit über versteckt. Aber auch das gab es schon.

1938 wurde der Quastenflosser entdeckt. Durch Fossilienfunde wissen wir, dass dieser Fisch zur gleichen Zeit wie die Dinosaurier lebte. Er wurde nie lebend gesehen, daher dachte man, er sei ausgestorben. Eines Tages ging einem Fischer vor der Küste Südafrikas ein Exemplar ins Netz. Er hatte sich fast 70 Millionen Jahre lang vor den Menschen versteckt! Wenn also der Quastenflosser im Verborgenen überleben konnte, gilt das vielleicht auch für Nessie.

WILDE GESTALTEN!

Hier sind Waldspaziergänge richtig aufregend ...

BIGFOOT

In den Wäldern im Nordwesten Amerikas lauert etwas Ungewöhnliches zwischen den Bäumen. Es geht aufrecht auf zwei Beinen wie ein Mensch, ist aber viel größer und hat dichtes dunkles Fell. In Nordamerika gibt es Affen normalerweise nur in Zoos, was könnte es also sein?

Seit über 200 Jahren erzählt man sich Geschichten von einem wilden Mann, der in den Wäldern lebt. Einige beschreiben ein kinderfressendes Monster, andere eine harmlose Kreatur, die zurückgezogen lebt. Zunächst wurde dieses Ungeheuer Sasquatch genannt. Heute kennen wir es als Bigfoot.

Was spricht dafür, dass es Bigfoot wirklich gibt? Man fand riesige Fußabdrücke, doppelt so groß wie die eines Menschen, und Fellbüschel an Sträuchern und Dornenbüschen, die vielleicht zu dieser Kreatur gehören. Manch einer glaubt, sie in freier Wildbahn gesehen zu haben und hat sie sogar mit der Kamera eingefangen. 1967 filmten zwei Freunde in Bluff Creek, Kalifornien, ein haariges, menschenähnliches Wesen, das am Fluss entlanglief. War das Bigfoot? Oder jemand in einem Gorillakostüm?

DER YETI

Der Yeti, oder Schneemensch, ist ein weiteres affenartiges Wesen. Es lebt im schneebedeckten Himalaya-Gebirge in Asien. Einheimische erzählen sich Legenden und Sagen von einem »Gletscherwesen«. Erst zu Beginn des 20. Jahrhunderts, als Entdecker aus den USA und Europa kamen, verbreiteten sich die Geschichten über den Yeti.

Riesige Fußabdrücke wurden im Schnee gefunden und einige behaupteten, die Wesen mit eigenen Augen gesehen zu haben. 1942 beschrieb ein Mann zwei Kreaturen, die er für Yetis hielt und sagte: »Ihre Köpfe waren viereckig ... die Arme waren lang und die Handgelenke reichten bis zu den Knien«. Kann das stimmen? Vielleicht gibt es im wilden und unerforschten Himalaya tatsächlich noch unbekannte Kreaturen zu entdecken ...

DER YOWIE

In den abgelegenen Bergen rund um Australiens Goldküste lebt der Yowie, ein 3 Meter großes, affenähnliches Geschöpf mit großen Füßen. Die Aborigines erzählen sich seit jeher Geschichten über den Yowie und bis heute wird er immer wieder gesichtet. 2019 berichtete ein Lieferfahrer, dass er seinen Lastwagen auf einer verlassenen Waldstraße anhielt, als ein »riesiges Vieh« auftauchte und auf seine Motorhaube schlug, bevor es im Busch verschwand.

KÖNNTE DAS EINE WAHRE BEGEBENHEIT SEIN?

Geschichten über wilde Gestalten gibt es auf der ganzen Welt. Sind das nur Gruselgeschichten? Oder sind sie wahr? Wenn diese Kreaturen wirklich existieren, warum gibt es dann nicht mehr Beweise? Bestimmt gibt es nicht nur einen Bigfoot oder einen Yeti ... Wo sind ihre Familien oder Gruppen? Und warum gibt es bis heute nur verschwommene, unscharfe Bilder dieser Kreaturen, wo doch heute fast jeder ein Handy mit Kamera dabeihat?

Und doch werden immer wieder neue Lebewesen entdeckt. Tierarten wie der Berggorilla oder der Komodowaran wurden in Europa erst Anfang 1900 allgemein bekannt. Erst vor Kurzem wurde auch eine besonders kleine Menschenart entdeckt, der Homo floresiensis. Er lebte vor 12.000 Jahren, was in der Menschheitsgeschichte nur ein Wimpernschlag ist. Es ist also vielleicht gar nicht so weit hergeholt zu glauben, dass es da draußen noch andere bisher unbekannte Wesen gibt ...

SELTSAME TIERE

Sei auf der Hut, wenn es dunkel wird ...
Hier lauern Killer-Katzen und Fisch-Ziegen!

DIE BESTIE VON BODMIN MOOR

Bodmin Moor, im Südwesten Englands, ist eine felsige, windgepeitschte Hochmoorlandschaft mit reißenden Flüssen. Von einem der vielen hier lebenden Tiere heißt es, es würde auf Jagd gehen und alle, die es sehen, in Angst und Schrecken versetzen: die Bestie von Bodmin Moor.

IM MOOR WAREN RIESIGE PFOTENABDRÜCKE.

Seit sie in den 1970er Jahren zuerst gesichtet wurde, ist sie schon oft aufgetaucht. Im Laufe der Jahre fand man mögliche Beweise für ihre Existenz, wie Pfotenabdrücke und unscharfe Fotos, auf denen sie fast wie ein Panther aussieht. Außerdem soll sie für mysteriöse Angriffe auf Farmtiere verantwortlich sein.

1995 fand man in einem Fluss einen Schädel mit riesigen Reißzähnen. Stammte er von der Bestie? Bei der Untersuchung stellte sich heraus, dass es sich um einen Leopardenschädel handelte. Und im Schädelinneren fand man ein winziges Kakerlaken-Ei. Da es im Bodmin Moor aber gar keine Kakerlaken gibt, muss dieser Leopard woanders gestorben sein. Es war also ein Streich.

Bis heute erzählt man sich, dass eine Bestie im Moor umherstreift. Und manche glauben, dass nach der Schließung eines nahe gelegenen Zoos im Jahr 1978 einige Pumas entkommen sind, die in Bodmin heimisch wurden. Ob das stimmt? Das weiß niemand, aber bestimmt ist es ratsam, sich nachts nicht zu lange im Moor aufzuhalten ...

»FISCHARTIGER ZIEGENMENSCH ERSCHRECKT PAARE AM LAKE WORTH«

Eine verrückte Schlagzeile ... aber wahr. Im Sommer 1969 wurden die Gäste des Fort Worth Nature Centre in Texas, USA, von einem 2 Meter großen Wesen mit Fischschuppen und Fell, einem langen Hals und dem gehörnten Kopf einer Ziege zu Tode erschreckt. Es soll Schafe angegriffen und mit Autoreifen geworfen haben.

Schon lange gab es Geschichten über ein Monster in der Gegend, aber es war noch nie gesichtet worden. In diesem Sommer tauchte es zum ersten Mal auf und kam damit sogar in die Zeitungen. Das führte zu einem Besucheransturm, da jeder einen Blick auf die Kreatur erhaschen wollte. Ein Mann kam ihr bei der Fahrt durch das Naturschutzgebiet näher, als ihm lieb war. Sie sprang auf seine Motorhaube und er konnte sie nur abschütteln, indem er gegen einen Baum fuhr.

Die Polizei kam zu dem Schluss, dass sich Jugendliche in Gorillakostümen einen Streich erlaubt hatten, aber manche bezweifelten das. Würden Teenager Schafe töten und schwere Autoreifen schleudern?

DIE BESTIE VON GÉVAUDAN

Im 18. Jahrhundert wurden Dorfbewohner in den abgelegenen Bergen von Gévaudan, Südfrankreich, von einem mordlustigen Ungeheuer verängstigt, das tief im Wald lauerte.

Das erste Opfer war eine 14-Jährige, die beim Hüten ihrer Schafe angegriffen wurde. Es folgten über 100 weitere Tote. Beschrieben wurde ein wolfsähnliches Tier, mit breiter Brust, langem, dünnen Schwanz, riesigen Pfoten und tödlichen Reißzähnen, das extrem weit springen konnte. Es musste aufgehalten werden!

Also wurden Hunderte von Wölfen erlegt, doch die Angriffe gingen weiter. Schließlich gelang es einem örtlichen Bauern, ein großes Tier in die Enge zu treiben und zu erschießen. Nur darüber, was das für eine Kreatur war, sagen die Aufzeichnungen nichts. War es nur ein großer Wolf? Für manche klingt die Beschreibung eher nach einem Löwen, der im Gegensatz zum Wolf einen dünnen Schwanz und große Pranken hat, und weit springen kann. Aber was hatte er in Frankreich zu suchen?

DIE DORFBEWOHNER FÜRCHTETEN SICH VOR DEM MÖRDERISCHEN MONSTER.

DÄMONEN UND TEUFEL

Kann es sich bei so vielen Sichtungen von seltsamen Kreaturen wirklich jedes Mal um eine Verwechslung handeln?

DER TEUFEL VON JERSEY

Der Teufel von Jersey lebt tief in den Wäldern der Pine Barrens in New Jersey, USA. Es heißt, dass eine arme Bäuerin vor 300 Jahren erfuhr, dass sie ein 13. Kind erwartete. Da sie kein weiteres Baby ernähren konnte, verfluchte sie das Kind.

Als das Baby geboren wurde, schien zunächst alles gut. Doch innerhalb weniger Minuten verwandelte sich der Junge – er wuchs mit erstaunlicher Geschwindigkeit, Hörner schossen aus seinem Kopf und seine Finger wurden zu Klauen. Ihm wuchsen lederartige Flügel, er bekam Fell und Federn, hatte rotglühende Augen und blitzende, scharfe Reißzähne im Mund. Das Wesen griff seine Familie an, ehe es in den Wald floh, wo es angeblich noch heute umherstreift …

DER GEMÜSE-MENSCH

Eines späten Abends im Sommer 1968 war Jennings Frederick in der Gegend von West Virginia, USA, auf der Jagd, als ihm etwas sehr Merkwürdiges begegnete: eine Gestalt mit einem grünen, stängelartigen Körper, zweigdünnen Armen, schrägen Augen und langen grünen Ohren.

ER SAH WIE EINE MENSCHLICHE SELLERIESTANGE AUS!

Dann bemerkte Jennings die Hände dieser außergewöhnlichen Kreatur. Jeder »Finger« hatte am Ende eine seltsame Saugvorrichtung mit einer langen, spitzen Nadel statt Fingernägeln. Ehe Jennings wusste, wie ihm geschah, stieß sie eine der Nadeln in seine Hand und begann, ihm Blut abzunehmen! Nach einer Minute wurden die gelben Augen des Wesens rot und es verschwand auf Nimmerwiedersehen.

DER MOTTENMANN

Im November 1966 fuhren Roger, Linda, Steve und Mary in West Virginia, USA, abends gemeinsam nach Hause. Plötzlich schwebte ein 2 Meter großes mottenhaftes Wesen mit glühend roten Augen über ihrem Auto. Vor lauter Angst fuhren sie immer schneller, aber das seltsame geflügelte Wesen hatte keine Probleme, mit ihnen mitzuhalten.

Irgendwann flog es davon. Die Freunde meldeten den Vorfall der Polizei und die Geschichte ging durch die Presse. Es stellte sich heraus, dass sie nicht die einzigen waren. Viele Leute hatten dieses Ding gesehen, aber aus Angst ausgelacht zu werden, nichts davon erzählt. Im folgenden Jahr wurden über 100 weitere Sichtungen gemeldet.

So ging es weiter, bis ein schrecklicher Unfall geschah. Eine Brücke stürzte ein und riss 46 Menschen in den Tod. Danach sah man das Wesen in West Virginia niemals wieder. Doch an anderen Orten wurde es gesichtet, kurz bevor sich dort Katastrophen ereigneten – Atomunfälle, Seuchenausbrüche oder weitere Brückeneinstürze. Prophezeit der Mottenmann etwa tragische Ereignisse? Falls ja, ist das erst recht ein Grund zur Besorgnis, solltest du ihm jemals begegnen.

EIN PERFEKTES BILD

Ein Bild sagt mehr als 1000 Worte ... aber was, wenn es eine Fälschung ist?

DIE FEEN VON COTTINGLEY

Vor etwa 100 Jahren gelang zwei jungen Mädchen in Cottingley, im Norden Englands etwas Außergewöhnliches. Die Cousinen Frances und Elsie fotografierten Feen, die in ihrem Garten spielten.

Elsies Mutter staunte, als sie die Bilder sah. Darauf waren die vor den Mädchen tanzenden Feen deutlich zu erkennen. Sie zeigte die Fotos einem Experten, der genauso verblüfft war und die Bilder für echt erklärte.

Bald sprach man im ganzen Land über die Feen. Zeitungsartikel und ganze Bücher wurden über sie geschrieben und die Menschen reisten zu den Cousinen, um die Geschichte zu hören.

Das Problem war nur, alles war gefälscht.

Einige Wochen zuvor hatten die Mädchen ihren Eltern erzählt, dass sie Feen im Garten beobachtet hatten und ärgerten sich, als man ihnen nicht glaubte. Um es den Erwachsenen zu beweisen, platzierten sie ein paar Feen, die sie gezeichnet hatten, im Gras und fotografierten sie.

Doch was als Streich begann, wurde zur großen Schlagzeile. Man kann sich vorstellen, wie sich die Mädchen fühlten, als ihnen plötzlich jeder glaubte! Sie hätten unmöglich zugeben können, was wirklich passiert war, ohne Ärger zu bekommen. Und so schauspielerten die beiden Cousinen jahrelang weiter.

Als Erwachsene gab Elsie zu, dass die Fotos ein Schwindel waren. Doch als Frances kurz vor ihrem Tod 1986 zum letzten Mal über die Bilder sprach, bestand sie darauf, dass sie zwar die meisten Bilder gefälscht hatten, aber dass eines von ihnen echt war ...

DAS CHIRURGEN-FOTO

Seit Jahrhunderten kursieren Geschichten über ein Ungeheuer in den tiefen, dunklen Gewässern von Loch Ness. Doch in den 1930er Jahren sorgte ein Foto von Nessie, das in einer britischen Zeitung veröffentlicht wurde, für helle Aufregung. Heute ist das Bild als »Chirurgen-Foto« bekannt.

Es entstand 1934 und obwohl die Schwarz-Weiß-Aufnahme verschwommen ist, erkennt man deutlich einen langen Monster-Hals, der aus dem Wasser ragt. Hatte jemand Nessie mit der Kamera geknipst? Das dachten viele. Das Foto stammt von dem angesehenen Londoner Chirurgen Dr. Robert Kenneth Wilson. Niemand konnte sich vorstellen, dass ein Arzt nicht die Wahrheit sagte. Also musste das Foto echt sein.

60 JAHRE SPÄTER KAM DIE WAHRHEIT ANS LICHT …

Das Foto hatte der berühmte Jäger Marmaduke Wetherell gefälscht. 1933 hatte eine Zeitung ihn beauftragt, das Ungeheuer aufzuspüren. Als er riesige Fußabdrücke am See entdeckte, wähnte er sich auf Nessies Fährte – doch die Abdrücke waren unecht. Jemand hatte einen ausgestopften Elefantenfuß benutzt, um ihn zu täuschen! Die Zeitungen machten sich über ihn lustig. Aus Rache arrangierte er ein gefälschtes Foto, denn er wusste, dass die Zeitungen die Geschichte veröffentlichen würden.

Er bat Dr. Wilson, seinen Bekannten, einen im See schwimmenden Spielzeugdinosaurier zu fotografieren. Er wusste, dass niemand die Glaubwürdigkeit des Arztes anzweifeln würde. Und jahrelang hatte er damit recht. Dieses Nessie-Foto ist also eine Fälschung. Aber es ist nicht das einzige Bild des Monsters. Sind alle anderen auch gefälscht?

ANTIKE TUNNEL

Tritt ein in die Geheimgänge der Vergangenheit ... aber sind sie wirklich so alt?

TEMPLER-TUNNEL

2017 wurde in Shropshire, England, ein Netz von unterirdischen Bögen, Gängen und Treppen freigelegt. Aber wer hat sie in den Sandstein gemeißelt und warum? Die Entdeckung erregte großes Aufsehen. Manche vermuten, dass die Höhlen einst von Tempelrittern genutzt wurden.

Die Tempelritter gehörten einem Orden aus dem 12. Jahrhundert an. Als berittene Kriegermönche beschützten sie Pilger auf dem Weg ins Heilige Land. Der Orden löste sich im 14. Jahrhundert auf. Der Legende nach wurde er zu einer geheimen Organisation, die über heilige Reliquien wacht. Manche glauben, dass es irgendwo einen Schatz der Templer gibt, der nur darauf wartet, entdeckt zu werden ...

Kein Wunder also, dass dieser Ort für Wirbel sorgte. Aber waren hier wirklich Tempelritter am Werk? Die Tunnel sind nicht die einzigen in der Gegend. Ganz in der Nähe sind die Hawkstone Follies, die eine noch größere unterirdische Grotte bergen und die im 18. Jahrhundert als Touristenattraktion gebaut wurden. Sind die Tunnel also nur ein weiterer skurriler Schwindel?

DIE MUSCHELGROTTE VON MARGATE

1835 hob James Newlove in der Nähe seines Hauses in Margate, England, einen Teich aus, als er auf eine große unterirdische Höhle stieß. Was war dort unten? Er band seinen Sohn Joshua an einem Seil fest und ließ ihn in das Loch hinab ...

Joshua staunte sehr, als er eine riesige, eindrucksvoll mit Muscheln ausgekleidete Grotte sah.

Dann entdeckte James eine runde Kammer mit gewölbter Decke und einen Gang zu einem kleineren Raum, in dem eine Art Kirchenaltar stand. Die Wände waren über und über mit Muscheln bedeckt, sorgfältig in Formen und Mustern angeordnet – es gab Eulen, Krokodile, Schildkröten, Skelette und vieles mehr.

NIEMAND WEISS, WO SIE HERKAMEN.

Späteren Zählungen zufolge gibt es in der Grotte 4,6 Millionen Muscheln. Einige stammten von der Küste von Margate und manche sogar aus der Karibik. Wie kamen sie hierher?

Bis heute weiß man weder, wer dieses außergewöhnliche Versteck schuf, noch wann. Nach seiner Entdeckung wurde es zu einer beliebten Touristenattraktion. Gaslampen beleuchteten die Gänge, bedeckten aber die Muscheln mit Ruß, was die archäologische Datierung erschwerte.

Warum wurde sie wohl gebaut? Manche glauben, dass sie Sitz eines uralten Geheimbundes oder ein Versteck für Magier war. Sogar die Tempelritter werden verdächtigt. Andere vermuten einen Scherz dahinter, aber bislang wurde keine Antwort gefunden ...

TÄUSCHUNGEN UND BETRÜGEREIEN

Selbst wenn uns gesagt wird, dass etwas eine Lüge ist, glauben wir es manchmal nicht!

DER PILTDOWN-MENSCH

1912 entdeckte Hobby-Archäologe Charles Dawson nahe des Dorfes Piltdown, Südengland, etwas Erstaunliches: einen alten Schädel, einige Zähne und einen Kieferknochen. Seinen Fund brachte er ins British Museum, um ihn dem Fossilienexperten Arthur Woodward zu zeigen.

Arthur staunte. Er hielt die Überreste für die eines frühmenschlichen Vorfahren, der etwa 500.000 Jahre alt war. Zudem war der Schädel anders als alle jemals zuvor gefundenen. Er belegte jenes Stadium der Evolution, an dem sich der Mensch aus dem Affen entwickelte. Der »Piltdown-Mensch« war eine bahnbrechende Entdeckung.

Doch 1949 wurde der Schädel mit modernen Technologien untersucht. Dabei stellte sich heraus, dass der Schädel keine 500.000 Jahre alt war, sondern 500. Außerdem stammten Schädel und Kieferknochen von verschiedenen Spezies: Mensch und Affe. Die Affenzähne wurden abgefeilt, damit sie menschlichen Zähnen ähnelten, und die Knochen gefärbt, um sie älter wirken zu lassen.

EIN GEWAGTER SCHWINDEL, ABER WER WAR DAFÜR VERANTWORTLICH?

Hauptverdächtiger war Charles, aber er war schon lange tot. Jahre später wurde in den Beständen des British Museum eine alte Kiste gefunden. Darin befanden sich weitere Knochen, die genauso gefärbt waren wie der Piltdown-Schädel. Steckte jemand aus dem Museum hinter dem Betrug?

DER BAUMKRAKE

1998 erfuhr die Welt erstmals, dass der Pazifik-Nordwest-Baumkrake in Gefahr war. Auf einer professionell aussehenden Website wurde mit Videos von schlüpfenden Baumkraken erklärt, dass das im US-Bundesstaat Washington beheimatete Tier inzwischen fast ausgestorben sei.

Die Website war ein Streich des Spaßvogels Lyle Zapato. Dennoch ergab eine spätere Studie darüber, was Menschen dem Internet glaubten, dass fast 90 % der 13-Jährigen, die die Seite besucht hatten, den Kraken für echt hielten.

Die Website sah überzeugend aus. Das allein reichte, damit die meisten Jugendlichen die Geschichte glaubten. Die Studie verdeutlicht, wie wichtig es ist, den Menschen zu zeigen, dass sie nicht alles, was sie im Internet lesen, für wahr halten sollten.

DER BAUMKRAKE WAR FAST AUSGESTORBEN.

DIE ROLLENDEN FELSEN

Im Oktober 1867 erschien in Nevada, USA, ein Zeitungsartikel des Autors Dan de Quille, der für seine erfundenen Geschichten bekannt war. Im späten 19. Jahrhundert gab es viele verblüffende wissenschaftliche Entdeckungen und Dan machte sich über die endlose Liste neuer Erkenntnisse lustig. In der neuesten Geschichte ging es um außergewöhnliche Felsen in den Pahranagat-Bergen in Nevada, die auf ebener Fläche stets aufeinander zurollten, statt voneinander entfernt liegen zu bleiben.

Der gefälschte Artikel erschien in Zeitungen auf der ganzen Welt und schon nach kürzester Zeit baten Leserinnen und Leser um weitere Einzelheiten. Als Dan aber darauf beharrte, die ganze Geschichte erfunden zu haben, wollte ihm niemand glauben. Man dachte, er wolle eine erstaunliche wissenschaftliche Entdeckung für sich behalten!

12 Jahre nach Erscheinen des Artikels erhielt Dan immer noch Briefe zu den Steinen und obwohl er stets beteuerte, dass es sich um einen Schwindel handelte, glaubte ihm längst nicht jeder!

LÄNDER, DIE ES NICHT GIBT

Diese Orte gab es einst auf Landkarten ... aber wo sind sie wirklich?

BRASILINSEL

Über 400 Jahre lang, bis ins 19. Jahrhundert, war vor der Westküste Irlands eine winzige Insel namens Brasilinsel auf Seekarten zu finden. Nur wenige haben sie je gesehen, denn nur alle 7 Jahre soll die Insel für einen Tag nicht vollständig vom Nebel verdeckt sein. Heute weiß man allerdings, dass es diese Insel gar nicht gibt.

DIE INSEL ERSCHIEN AN NUR EINEM TAG ALLE 7 JAHRE.

1647 behauptete der schottische Kapitän John Nisbet, die Brasilinsel nicht nur gesichtet zu haben, sondern auch dort gelandet zu sein. Ein Zauberer, der in einem steinernen Schloss lebte, habe die Seeleute begrüßt, ein alter weißer Mann sie mit Gold und Silber beschenkt und zudem gebe es dort große schwarze Kaninchen.

Einige Jahre später besuchte der irische Historiker T. J. Westropp die Insel. Er war so begeistert, dass er drei Mal mit seiner Familie wiederkam! Jedes Mal soll die Insel bei seiner Ankunft aus dem Nichts aufgetaucht sein, um bei seiner Abreise wieder zu verschwinden.

Wie konnte eine Insel besucht werden, die es heute nicht gibt? Wegen eines unter Wasser liegenden Felsvorsprungs, der Porcupine-Bank, ist der Atlantik in diesem Gebiet sehr flach. Während der letzten Eiszeit sank der Meeresspiegel, da das Wasser zu Schnee und Eis wurde. War die Porcupine-Bank zur mythischen Brasilinsel geworden?

Vielleicht ... aber die letzte Eiszeit endete vor etwa 12.000 Jahren, lange bevor die Reisenden dort gewesen sein sollen.

CROCKER LAND

Vor über 100 Jahren war die Arktis noch unerforscht. Niemand war bis dahin je am Nordpol gewesen und viele versuchten mit allen Mitteln, als erste dorthin zu gelangen.

Robert Peary, Offizier der US-Marine, hatte bis 1906 fünf Mal versucht, den Nordpol zu erreichen. Beim fünften Versuch war er nah dran, wurde aber von schlechtem Wetter abgehalten. Um die sechste Expedition organisieren zu können, brauchte er jedoch Geld.

Zum Glück hatte er sehr reiche Freunde, wie den amerikanischen Bankier George Crocker. George hatte Roberts vorherige Reise mitfinanziert. Als der eine riesige Insel in der Arktis entdeckte, benannte der sie nach seinem Freund. Crocker Land wurde schließlich in den Arktiskarten verzeichnet.

1909 unternahm Robert seinen sechsten Versuch. Dieser gestaltete sich als Wettlauf gegen den Amerikaner Frederick Cook. Als Robert Monate später zurückkam, erklärte er sich zum Sieger. Aber auch Frederick sagte, er habe den Pol erreicht. Crocker Land habe er jedoch nicht gesehen und das, obwohl er direkt daran vorbeikommen hätte müssen!

Um den Fall zu klären, machte sich 1913 der dritte Entdecker, Donald MacMillan, auf die Suche nach der rätselhaften Insel. Als er nach 4 Jahren zurückkehrte, hatte er überraschende Neuigkeiten: Crocker Land war nirgends zu finden.

Hatte Robert die Insel nur erfunden, damit auch andere reiche Leute seine Reisen unterstützten, wenn er dafür Inseln nach ihnen benannte? Gut möglich ...

UNTERGEGANGENE STÄDTE

Wo sind diese außergewöhnlichen Städte jetzt?

ATLANTIS

Vor über 2000 Jahren beschrieb der griechische Schriftsteller Platon eine große, jahrtausendealte Inselstadt im Atlantik. Sie war reich an Wildtieren, Edelsteinen und Edelmetallen und die Heimat von Menschen, die dort eine erstaunliche Hochkultur geschaffen hatten. Eines Tages ereignete sich eine rätselhafte Katastrophe und die Stadt verschwand für immer.

Zunächst hielt man Platons Beschreibung für eine Allegorie – eine Geschichte mit verborgener Bedeutung. Vielleicht wollte er zeigen, dass Hochmut vor dem Fall kommt. Die Menschen in Atlantis waren so stolz, dass sie selbstgefällig wurden und die Götter ihnen eine Lektion erteilten, indem sie ihre Stadt zerstörten. Jahrhunderte später kamen Zweifel auf. Hatte es Atlantis wirklich gegeben?

Überall wurde nach Atlantis gesucht, von der Straße von Gibraltar bis zu den Azoren, von Kreta bis Teneriffa. Aber wir wissen immer noch nicht, wo Atlantis – wenn es denn existierte – gelegen haben könnte.

Ab und zu stößt man auf mögliche Hinweise, wie eine eventuell von Menschen angelegte Straße, die man vor Jahren vor der Küste von Bimini in den Bahamas entdeckte. Riesige Kalksteinquader erstrecken sich in gerader Linie über fast einen Kilometer, mit erhöhten Gehwegen auf beiden Seiten. In der Geologie geht man von einer ungewöhnlichen, aber natürlichen Felsformation aus. Andere denken, dass dies Überreste von Atlantis seien.

Noch wurden keine eindeutigen Beweise geborgen, jedoch gibt es in den Meeren eine Menge zu entdecken. Wer weiß, was in Zukunft noch alles auftaucht?

VINETA

Atlantis ist nicht der einzige Ort, der in den Ozeanen versunken ist. Irgendwo in den dunklen, eisigen Gewässern der Ostsee soll es vor 1000 Jahren eine sagenhaft reiche Stadt auf einer Insel gegeben haben – Vineta. Die Geschäfte waren voll feinster Ware und die Menschen trugen die schönsten Kleider. Sogar das Spielzeug der Kinder war aus Gold und Silber!
Aber als die Menschen anfingen, sich schlecht zu benehmen, griffen die Götter ein.

Eine Meerjungfrau sollte die Menschen vor ihrem Untergang warnen, aber die waren zu sehr damit beschäftigt, sich zu amüsieren. Die weisen Ältesten versuchten, die jungen Leute zu überreden, die Stadt zu verlassen, doch auch ihre Warnungen wurden ignoriert. Schließlich schickten die Götter einen gewaltigen Sturm und die Stadt wurde von der Ostsee verschluckt.

Manche glauben, dass Vineta in der Nähe der polnischen Insel Wolin an der Ostseeküste liegt. Es heißt, dass hier Säulen und Gebäudereste aus dem Meer ragen. Manche sagen, dass bei ruhigem Wasser gelegentlich geisterhafte Gestalten auf den überfluteten Straßen zu sehen sind …

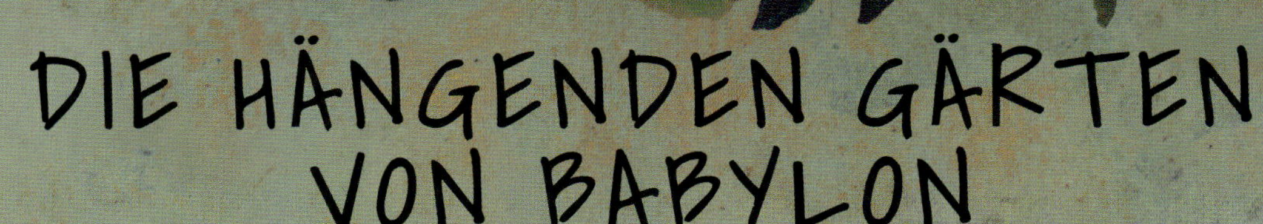

DIE HÄNGENDEN GÄRTEN VON BABYLON

Wo ist das siebte Weltwunder der Antike geblieben?

Vor 2000 Jahren bestimmten antike griechische Schriftsteller sieben der bedeutendsten Bauwerke im Mittelmeerraum und im Nahen Osten, die als die sieben Weltwunder bekannt wurden.

In Ägypten gab es die große Pyramide von Gizeh und den berühmten Leuchtturm von Alexandria. In Olympia, Griechenland, stand eine riesige Elfenbeinstatue des Gottes Zeus. In der Türkei befanden sich der prächtige Tempel der Göttin Artemis und das gewaltige Grab von König Mausolus, geschmückt mit Hunderten lebensgroßen Figuren. Im Hafen von Rhodos war der Koloss, eine gigantische Bronzestatue, zu sehen. Und dann waren da noch die Hängenden Gärten von Babylon, unglaubliche, auf erhöhten Terrassen angelegte Gärten, die in der Luft zu »hängen« schienen.

Die Große Pyramide steht bis heute und für fünf weitere Weltwunder wurden Beweise gefunden, die es uns ermöglichen, sie genau zu verorten. Aber über die Hängenden Gärten ist wenig bekannt.

GAB ES SIE WIRKLICH?

Die antike Stadt Babylon lag im heutigen Irak, wo viele fantastische Überreste entdeckt wurden. Man vermutet, dass König Nebukadnezar II. die Hängenden Gärten vor über 2500 Jahren anlegen ließ. Seine Frau Amytis hatte Sehnsucht nach den grünen Hügeln ihrer Heimat und vielleicht ließ der König deshalb einen Garten für sie errichten?

Nebukadnezar baute nämlich gern. In ganz Babylon ließ er Tempel und Paläste errichten und schuf eine der spektakulärsten Städte der antiken Welt. In seinen schriftlichen Aufzeichnungen ist von Gärten jedoch keine Rede. Warum glauben wir also, dass es sie jemals gegeben hat? Weil einige klassische Autoren die sieben Weltwunder detailliert beschrieben haben. Wenn sechs davon nachweislich existierten, scheint es seltsam, dass sie ein siebtes erwähnt haben, das es nicht gab.

Aber wie war es vor 2500 Jahren möglich, in der Hitze der babylonischen Sonne einen Garten anzulegen? Bei Ausgrabungen haben Archäologinnen und Archäologen Ziegelsteine gefunden, in die »Nebukadnezar« eingemeißelt war. Sie waren mit Bitumen überzogen, einer teerähnlichen, wasserundurchlässige Substanz, die verhindert, dass Wasser durch den Ziegelstein sickert – perfekt für den Bau von Blumenbeeten. Der Euphrat floss ganz in der Nähe und sein Wasser könnte mit einer ausgeklügelten Vorrichtung, der Archimedischen Schraube, bis zu diesen wasserdichten Terrassen befördert worden sein.

Also ist es durchaus möglich, dass die Hängenden Gärten einst existierten. Ob wohl weitere Beweise gefunden werden?

SIE BLEIBEN EINES DER GRÖSSTEN RÄTSEL ALLER ZEITEN!

VERSCHWUNDENE STÄDTE

Gingen sie unter? Oder gab es sie nie?

EL DORADO

Vor 400 Jahren berichteten europäische Entdecker bei ihrer Rückkehr aus Südamerika von faszinierenden Goldstädten inmitten der Regenwälder. Juan Rodríguez Freyle schrieb über eine Volksgruppe, die ihren Anführer mit Goldpulver bestäubte, ehe er mit einem juwelenbesetzten Floß über einen See paddelte und goldene Schätze als Opfergabe für die Götter ins Wasser warf. Freyle gab ihm den Namen *el hombre dorado*, oder »der Goldene«. Die Geschichte verbreitete sich rasch in seiner Heimat.

DIE GEHEIMNISVOLLEN GOLDSTÄDTE WURDEN NIE GEFUNDEN.

El Dorado stand anfangs für eine mythische Stadt ... dann für ein ganzes Königreich.

Andere kehrten mit eigenen Erzählungen über goldene Städte nach Europa zurück. Neben El Dorado gab es auch die Versunkene Stadt Z, Quivira, La Canela, Paititi und noch viele weitere. Europa wurde vom Goldfieber gepackt und man machte sich auf die Suche ... aber die geheimnisvollen Goldstädte waren nirgends zu finden.

Auch heutzutage begeben sich Abenteuerlustige in die Regenwälder Amerikas. Sie wenden Lasertechnologie an, um unter Blättern und Ästen die verborgenen Städte zu finden. Vielleicht kommt so eines Tages die Wahrheit über El Dorado ans Licht?

LIBERTATIA

Stell dir eine Insel vor, auf der Hunderte von Piraten leben, sich verwegene Schwertkämpfe liefernd und dabei über die Planke gehend. Furchtbare Vorstellung? Nun, wenn die Geschichten stimmen, dann war Libertatia eigentlich ein recht angenehmer Ort.

Dem Buch *A General History of the Pyrates* zufolge, verfasst 1724 von Kapitän Charles Johnson, lebte auf Libertatia eine Piratenbande in friedlicher Harmonie. Aus dem Buch geht hervor, dass die Insel nahe Madagaskar, vom französischen Piraten Kapitän James Mission besiedelt worden war. Er wollte einen Ort schaffen, an dem alle frei und gleich sind.

DIE PIRATEN LEBTEN IN FRIEDEN UND HARMONIE ZUSAMMEN.

James überredete weitere Piraten, sich ihm anzuschließen. Sie bauten eine Stadt, pflanzten Getreide, hielten Tiere und führten eine Gesetzgebung ein, bei der alle Mitspracherecht hatten. Für die Zeit um 1700 war dies eine bahnbrechende Idee.

Doch gab es Libertatia tatsächlich? Die Insel wurde nie gefunden, und man vermutet, dass hinter dem Verfasser ein anderer berühmter Schriftsteller steckte. Nämlich Daniel Defoe, der mit der Art und Weise, wie England damals regiert wurde, nicht einverstanden war. Vielleicht erfand er die paradiesische Insel, um seinen Ideen Gehör zu verschaffen?

Doch viele der Piraten gab es wirklich – wie Blackbeard, Mary Read und Black Bart – und weil so vieles in dem Buch stimmt, fragen sich einige Leute, ob auch Libertatia echt sein könnte.

VERGRABENER SCHATZ

Schatzsucher gruben ihr Leben lang nach Gold ... in der Hoffnung, reich zu werden.

DIE LOST DUTCHMAN'S MINE

Jedes Jahr begeben sich Hunderte auf Schatzsuche in die Superstition Mountains in Arizona, USA. Manche kommen dabei ums Leben. Sie alle suchen nach der Lost Dutchman's Mine, einer Goldmine, die irgendwann im 19. Jahrhundert entdeckt worden sein soll.

Einer Legende nach förderte der mexikanische Schatzsucher Peralta riesige Mengen Gold aus der Mine, doch als er sich damit auf dem Heimweg machte, wurde er überfallen und das Gold geraubt. Jahre später fand der deutsche Goldsucher Jacob Waltz, Spitzname »der Holländer«, eine Karte mit dem Standort von Peraltas Mine.

JACOB HIELT DEN STANDORT SEINER GOLDMINE GEHEIM.

Jacob wurde reich, verriet aber niemandem den Standort der Mine. Als er alt und dem Tod nahe war, erzählte er seiner Freundin Julia Thomas, wo die Mine war. Julia suchte wochenlang und begab sich als erste von vielen auf Schatzsuche in die Superstition Mountains. Sie fand dort zwar kein Gold, blieb aber zumindest am Leben und konnte die Geschichte erzählen ...

Bis heute wird in den gefährlichen Bergen nach der geheimnisvollen Lost Dutchman's Mine geschürft. Aber gibt es dort wirklich einen Schatz und ist er das Risiko wert? Bisher hat hier noch keiner sein Glück gefunden!

OAK ISLAND

In Nova Scotia vor der kanadischen Atlantikküste liegt Oak Island. Die winzige Insel ist bewaldet und sieht genauso aus wie die anderen 350 Inseln in der Bucht.

BIRGT DIE INSEL EIN GEHEIMNIS?

Vor 200 Jahren bemerkte Daniel McGinnis eines nachts Lichter auf der Insel. Als er am nächsten Tag nachsah, fand er eine seltsame Grube und einen Flaschenzug in der Nähe. Scheinbar hatte jemand ein großes Loch gegraben, etwas Schweres darin versenkt und es zugeschüttet.

Daniel wusste, dass die Inseln einst Piratenverstecke waren. War es ein vergrabener Schatz? Mit seinen Freunden fing er an zu graben und stieß bald auf einen runden Schacht, der wie ein Brunnen tief in den Boden reichte und mit Erde aufgefüllt worden war. In etwa 6 Metern Tiefe fanden sie Holzbohlen, die eine Grube abdeckten.

Doch die Jungs fanden keinen Schatz, sondern nur noch mehr Erde. Sie gruben weiter, aber nach tagelangem Graben gaben sie erschöpft auf.

Die Geschichte vom Schatz auf Oak Island sprach sich schnell herum und schon bald gruben auch andere. In 30 Metern Tiefe stieß man auf eine Steintafel mit ungewöhnlichen Symbolen. Das ließ erst recht vermuten, dass es etwas Spannendes zu finden gab. Doch als man noch tiefer bohrte, füllte sich die Grube mit Wasser und nicht einmal eine Pumpe konnte die Überflutung verhindern.

Bis heute sind die Menschen von Oak Island fasziniert und bohren mit modernen Maschinen tiefer als je zuvor. Tatsächlich fand man Spuren von Pergament, dickem Holz, Zement, ja sogar Goldfragmente. Die Übersetzung der seltsamen Tafelsymbole lautet angeblich: »40 Fuß unter der Erde sind 2 Millionen Pfund vergraben«, aber ob dort wirklich ein Schatz liegt, bleibt abzuwarten ...

NÄCHTLICHER SPUK

Lebt unsere Seele nach dem Tod weiter?

Hast du schon einmal einen Geist gesehen? Oder gehört, dass es nachts spukt? In vielen Kulturen glaubt man, dass unsere Seele nach dem Tod des Körpers weiterlebt. Aber gibt es dafür Beweise?

Seit Jahrtausenden versucht man, mit Geistern zu kommunizieren. Im 19. Jahrhundert waren Séancen eine beliebte Methode, um mit Verstorbenen in Kontakt zu treten. Ein Medium – jemand, der angeblich mit Geistern sprechen kann – saß mit ein paar Leuten in einem abgedunkelten Raum und versetzte sich in Trance, um eine Verbindung zu den Geistern herzustellen, damit die Menschen mit ihren Liebsten sprechen konnten.

DAS MEDIUM FIEL IN TRANCE UND NAHM KONTAKT MIT DEN GEISTERN AUF.

Viele hielten die Séancen für Schwindel, aber manche kamen durch sie auf die Idee, das Jenseits zu erforschen. Die Geisterjagd wurde äußerst populär. Besonders Abenteuerlustige übernachteten in Spukhäusern, alles im Namen der Wissenschaft!

Sie untersuchten unerklärlich kalte Luftströme, seltsame Lichtkugeln, unheimliche Visionen und Geräusche. Daraus erstellten sie eine Liste mit Spukphänomenen. Am häufigsten gab es die sogenannte »Geistererscheinung«. Dabei erscheint der Geist eines geliebten Menschen, kurz nach dessen Tod, um sich zu verabschieden, bevor er ins Jenseits weiterzieht.

Am spektakulärsten waren die Poltergeister. Sie sind meist unsichtbar und lassen seltsame Dinge im Haus geschehen – Türen schlagen zu, Lichter gehen an und aus, Geschirr fliegt aus Schränken. Einer der berühmtesten Geisterjäger des 19. Jahrhunderts, Sir William Barrett, beschrieb die Begegnung mit einem Poltergeist 1877 in einem Bauernhaus in Derrygonnelly, Irland …

DER DÄMON VON DERRYGONNELLY

Ein Bauer und seine fünf Kinder schliefen unruhig. Die ganze Nacht lang hörte man überall im Haus Gepolter und Kratzen. Sie glaubten zunächst, die Unruhestifter seien Ratten, fanden jedoch keine. Dann setzten sich Gegenstände in Bewegung. Kerzen und Stiefel flogen aus den Fenstern, ohne dass jemand sie berührt hatte.

Dem Bauern wurde aufgetragen, abends eine aufgeschlagene Bibel auf den Küchentisch zu legen, die Seiten mit Steinen beschwert. Am nächsten Morgen waren die Steine weg und die Bibel zerfetzt. Die Familie bekam Angst. Sie ließen die ganze Nacht Kerzen brennen, um die Dämonen fernzuhalten.

Geisterjäger Barrett untersuchte den Fall. Da er keine Ursache für den Lärm fand, erklärte er, es handele sich um einen Poltergeist. Er konnte durch Klopfen mit dem Geist kommunizieren. Klopfte er ein Mal an eine Wand, klopfte der Geist zurück. Klopfte er fünf Mal, antwortete der Geist mit fünf Klopfzeichen.

Der Poltergeist antwortete immer mit der gleichen Anzahl von Klopfzeichen, selbst wenn Barrett nur ans Klopfen dachte. Der Geist konnte seine Gedanken lesen! Er machte einen gewaltigen Krach, klopfte, kratzte und scharrte. Barrett holte einen Priester ins Haus, der das Vaterunser sprechen sollte. Und als er betete, verstummte der Lärm und der Geist verschwand. Der Bauer weinte erleichtert und die Familie konnte wieder ruhig schlafen.

GEISTERHÄUSER

Ob bescheidene Behausung oder prächtiger Palast, nirgends ist man vor Spuk sicher.

DER GEIST VON MARIE ANTOINETTE

An einem heißen Tag im August 1901 besichtigten zwei Frauen, Charlotte Anne Moberly und Eleanor Jourdain, das Schloss von Versailles in Frankreich. Es war einst das Zuhause des französischen Königs Ludwig XVI. Er lebte hier mit Königin Marie Antoinette bis zur Französischen Revolution von 1789, als beide von den Revolutionären hingerichtet wurden.

An diesem herrlichen Sommertag schlenderten die beiden Frauen durch die Gärten und verliefen sich bald. Als sie an einem leerstehenden Bauernhaus vorbeikamen, erschien der Himmel plötzlich trüb, die Bäume hatten ihren Zauber verloren. An diesen Gärten war etwas ziemlich eigenartig ...

IHNEN LIEF EIN SCHAUER ÜBER DEN RÜCKEN.

Noch merkwürdiger war, dass ihnen immer wieder Leute in altmodischer Kleidung begegneten. Manchmal engagierte der Palast Schauspieler in historischen Kostümen, aber diese hier sahen sehr realistisch aus! Sie trafen auf drei Schlossgärtner, die lange Gehröcke und Dreispitzhüte trugen. Charlotte sah eine Frau, die auf einer Brücke saß und malte. Sie hatte blonde Locken und trug ein antikes Sommergewand.

Ein kalter Schauer lief Charlotte und Eleanor über den Rücken, als sie einige Tage später erfuhren, dass am Tag ihres Besuchs gar keine Schauspieler vor Ort waren. Und dann erkannten sie die Personen, die sie bei ihrem Spaziergang getroffen hatten, auf Gemälden wieder – als den König und seinen Hofstaat. Und die Malerin auf der Brücke? Das war Marie Antoinette!

DER POLTERGEIST VON ENFIELD

Einer der am besten untersuchten und bekanntesten Spukfälle der Geschichte ist der des Poltergeists von Enfield. Es begann am 31. August 1977 in einem ganz gewöhnlichen Haus in Enfield in London, England. Als Peggy Hodgson abends ihre Kinder ins Bett brachte, hörte sie aus dem Schlafzimmer ein beunruhigendes Scharren. Eine Kommode rutschte über den Boden. Die 11-jährige Janet und ihr Bruder Johnny lagen im Bett und starrten erschrocken zur Kommode.

Peggy versuchte, die Kommode zurückzuschieben, aber es gelang ihr nicht. Irgendetwas hielt sie fest. Dann begann das Klopfen an der Wand, an der Decke, unter dem Boden. Voller Angst rief Peggy die Polizei. Der eintreffende Polizist nahm die Behauptungen der Familie nicht ernst, bis er selbst sah, wie ein Stuhl anfing zu schweben!

Das war nur der Anfang! In den nächsten 2 Jahren ging das geisterhafte Treiben weiter. Fliegende Stühle, Lego-Steine, Murmeln ... Janet behauptete sogar, sie sei von einer unsichtbaren Kraft herumgeschleudert worden.

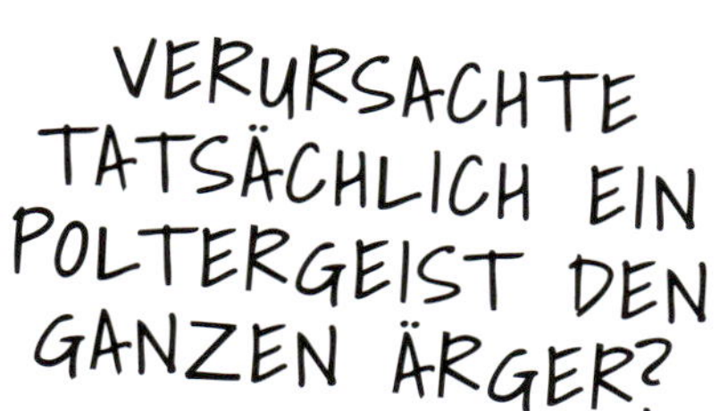

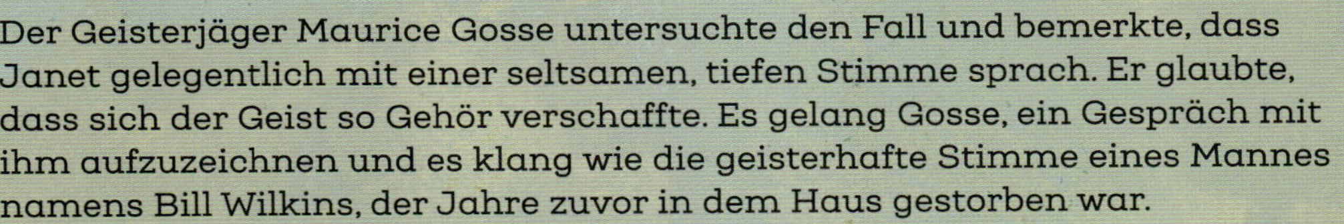
Der Geisterjäger Maurice Gosse untersuchte den Fall und bemerkte, dass Janet gelegentlich mit einer seltsamen, tiefen Stimme sprach. Er glaubte, dass sich der Geist so Gehör verschaffte. Es gelang Gosse, ein Gespräch mit ihm aufzuzeichnen und es klang wie die geisterhafte Stimme eines Mannes namens Bill Wilkins, der Jahre zuvor in dem Haus gestorben war.

Ende 1979 hörte plötzlich alles auf. Keiner weiß, warum und wie. Manche glauben, die beunruhigenden Ereignisse seien gar nicht von einem Poltergeist verursacht worden, sondern ließen sich als raffinierte Tricks eines spitzbübischen Menschen entlarven.

WIR GEHEN AUF HEXENJAGD

Gibt es Hexen nur im Märchen?

Vor rund 500 Jahren waren »echte Hexen« in Europa und Amerika weithin gefürchtet. Man glaubte, sie stünden mit dem Teufel im Bunde und verhexten die Menschen mit Zaubersprüchen. Bei Problemen gab man oft ihnen die Schuld. Ging es einem Kind schlecht? Hexen steckten dahinter. Kühe gaben keine Milch? Hexen. Ein gestoßener Zeh? Hexen.

Aus Angst machte man Jagd auf sie. Doch sie waren schwer zu erkennen. Sie trugen weder Umhänge noch spitze Hüte. Eine Hexe konnte Mann, Frau oder sogar Kind sein. Wurde man der Hexerei beschuldigt, musste man sich Prüfungen unterziehen, um seine Unschuld zu beweisen oder seine Schuld zu offenbaren.

Sobald man beschuldigt wurde, war es schwer zu beweisen, dass man keine Hexe war. Schon ein Leberfleck galt als Indiz, dass man mit dem Teufel unter einer Decke steckte. Wurde man, wie üblich, in einen See geworfen, war es ratsam, unterzugehen, denn nur Hexen schwammen. Eine andere Aufgabe war es, das Vaterunser fehlerfrei aufzusagen. Wenn alles nichts half, wurde gefoltert, was in der Regel jede »Hexe« zum Geständnis brachte.

KÖNNEN HEXEN SCHWIMMEN?

In ganz Europa und Amerika wurden Tausende der Hexerei verdächtigt. Gyde Spandemager wurde 1543 in Dänemark für schuldig befunden, die Schiffe der dänischen Marine verhext zu haben. Dafür wurde sie auf dem Scheiterhaufen verbrannt.

1612 wurden in England 10 Männer und Frauen verhaftet und als Hexen gehängt, nachdem sie angeblich einen Krämer verflucht hatten.

ANGST UND PANIK GRIFFEN UM SICH.

DIE HEXENPROZESSE VON SALEM

Besonders berühmt sind die Hexenprozesse von Salem in Massachusetts, USA. 1692 behaupteten dort zwei Mädchen, verflucht zu sein. Die Tochter und die Nichte des Dorfpfarrers zitterten, jammerten und schrien. Klar, dass dies das Werk des Teufels war, aber wer hatte sie verflucht? Drei Frauen wurden beschuldigt. Eine von ihnen gestand, wohl weil sie hoffte, der Folter zu entgehen, und gab an, von weiteren Hexen zu wissen.

Die Leute wollten sie unbedingt zur Strecke bringen, aber hatten auch Angst, selbst angeklagt zu werden. Im Eifer der Prozesse wurden alle Gesetze und Regeln der Vernunft vergessen. Kleinste Dinge dienten als »Beweise« – so wurde man schon verhaftet, wenn jemand träumte, dass man eine Hexe sei.

In den nächsten 15 Monaten wurden 20 Menschen wegen Hexereivorwürfen hingerichtet. Doch mit der Zeit wurde den Menschen in Salem klar, dass die Hexenprozesse falsch waren und Unschuldige starben. 1693 wurden alle noch verbliebenen angeklagten Hexen aus dem Gefängnis entlassen und langsam kehrte wieder Normalität ein.

MASSENHYSTERIE

Manchmal will man lieber nicht dazugehören!

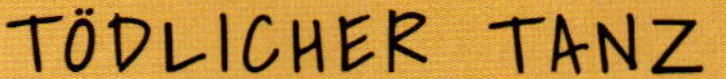

An einem Sommertag 1518 begann in Straßburg, heute in Frankreich, eine Frau namens »Frau Troffea« auf der Straße zu tanzen. Obwohl man nicht wusste weshalb, kamen bald viele zusammen, die ihr zujubelten und klatschten. Sie tanzte die Nacht durch und blieb bis zum nächsten Morgen auf den Beinen. Tatsächlich tanzte Frau Troffea ganze 6 Tage lang.

Seltsam? Oh ja! Aber es wurde noch seltsamer, als andere sich dem Tanz anschlossen. Zuerst war es nur eine Handvoll Leute, aber nach einer Woche tanzten schon Dutzende.

Die Behörden waren ratlos. Mediziner führten das Tanzen auf »heißes Blut« zurück und rieten dazu, die Menschen den Wahnsinn wegtanzen zu lassen. Rathäuser wurden geöffnet und Musiker engagiert, um für die Tanzenden einen Ort zum Feiern zu schaffen. Der Plan ging jedoch etwas nach hinten los, als über 400 Menschen kamen und tanzten, bis sie nicht mehr stehen konnten.

EINIGE STARBEN SOGAR VOR ERSCHÖPFUNG ...

WARUM TANZTEN SIE SICH ZU TODE?

LACHEN – DIE BESTE MEDIZIN?

1962 begannen im afrikanischen Land Tanganjika, dem heutigen Tansania, drei Schülerinnen eines Mädcheninternats zu kichern. Einmal angefangen, konnten sie nicht mehr aufhören. Und es war ansteckend! Auch andere Mädchen fingen an zu kichern und bald darauf musste die halbe Schule unkontrolliert lachen und prusten. Und das nicht nur für ein paar Minuten …

… ES DAUERTE TAGELANG.

Die Lehrerschaft war hilflos, die Mädchen erschöpft und der Unterricht unmöglich. Schließlich musste die Schule geschlossen werden. Aber auch das machte dem Lachanfall kein Ende. Er breitete sich auf anderen Schulen in der Umgebung aus. Erst nach 2 Jahren hörte das Lachen endlich auf und der Alltag kehrte wieder ein. Aber was kann so lustig gewesen sein?

NERVÖSES ZUCKEN

2011 erwachte die Cheerleaderin Katie Krautwurst in Le Roy, USA, eines Tages mit unkontrolliertem Zucken im Gesicht. Bald folgten Muskelkrämpfe in Armen und Beinen. Am Abend lag sie im Krankenhaus, an ein Bett geschnallt, um ihre zappelnden Gliedmaßen festzuhalten. Keiner wusste, was die Ursache sein könnte.

Einige Tage später wurde auch Katies beste Freundin, Thera Sanchez, von den Zuckungen heimgesucht. Sie begann zu stottern, mit dem Kopf zu wackeln und mit den Armen zu fuchteln. Und es griff um sich. Bald hatten etwa 20 Mitschülerinnen und -schüler von Katie unkontrollierbare Zuckungen.

Die Eltern fragten sich, ob es an giftigen Chemikalien im Trinkwasser lag. Dafür gab es jedoch keine Beweise. Nach ein paar Monaten verschwanden die Zuckungen genauso mysteriös wie sie begonnen hatten.

WAS IST HIER LOS?

Man führt diese Fälle auf eine sogenannte »Massenhysterie« zurück. So wie ein Gähnen »ansteckend« sein kann (gähn mal in einem vollen Zugabteil), können bestimmte Handlungen und Verhaltensweisen von Mensch zu Mensch übertragen werden, fast wie ein Virus. Aber wie kommt es überhaupt dazu, dass jemand anfängt zu zucken, zu tanzen oder zu lachen? Der Medizin zufolge kann sich geistige Unruhe in etwas Körperliches verwandeln, wenn jemand unter großem Stress steht, genannt »Konversionsstörung«. Wenn eine ganze Gemeinschaft unter Stress steht, kann es zu einer Massenhysterie kommen.

GEHIRN-LEISTUNG

Supermenschen? Oder super raffiniert?

NUR EIN ZAUBERTRICK?

Magierinnen und Magier vollbringen mit der Kraft ihrer Gedanken die außergewöhnlichsten Dinge. Sie verbiegen Schlüssel und Besteck, können Gedanken lesen und sogar Gegenstände schweben lassen. Aber sie geben zu, dass dies nur Tricks sind. Manche Leute glauben trotzdem, dass es Telekinese – die Fähigkeit, etwas nur mit Hilfe der Gedankenkraft zu bewegen – und Telepathie – die Fähigkeit, die Gedanken anderer zu lesen – wirklich gibt. Andere behaupten wiederum, diese übersinnlichen Kräfte selbst zu besitzen.

In den 1960er Jahren schockierte die Russin Ninel Kulagina mit ihren Experimenten, bei denen sie Streichhölzer mit der Kraft ihrer Gedanken bewegte. Der Israeli Uri Geller scheint regelmäßig mithilfe seines Geistes Metall zu verbiegen und kaputte Uhren zu reparieren.

Diese Supermenschen nennen sich Hellseherinnen und Mentalisten. Sollten sie wirklich über Kräfte verfügen, würde das unser Weltbild für immer verändern. Es hat sich jedoch gezeigt, dass viele schwindeln und uns mit raffinierten Zaubertricks täuschen.

Um herauszufinden, ob Telepathie und Telekinese real sind, haben Regierungen weltweit Millionen für Untersuchungen ausgegeben. Vor über 40 Jahren startete das US-Militär das Stargate-Projekt und testete, ob Hellseher durch Gedankenlesen feindliche Waffen oder ausländische Regierungsgeheimnisse entdecken könnten. Doch nach 20 Jahren wurde das Projekt mit gemischten Ergebnissen eingestellt.

Der Magier James Randi setzte die Suche nach der Wahrheit fort. Er versprach der Person, die beweisen konnte, übersinnliche Kräfte zu haben, einen Preis von einer Million Dollar. Da Randi selbst Zauberkünstler war, erkannte er schnell, wenn jemand trickste. Der Preis war fast 20 Jahre lang ausgeschrieben, aber niemand konnte ihn für sich beanspruchen.

Aber wir wissen, dass unser Geist zu vielen anderen seltsamen Dingen fähig ist, die bisher nicht vollständig enträtselt wurden, wie etwa der Placebo-Effekt.

DER PLACEBO-EFFEKT

Ein Placebo ist ein Medikament, das überhaupt kein Heilmittel enthält! Damit werden neue Arzneien getestet: Eine Gruppe erhält das neue Medikament und eine zweite ein Placebo. Das Placebo sieht wie ein echtes Medikament aus – wie eine Tablette oder Sirup –, enthält aber keinen Wirkstoff. Keine der Gruppen weiß, wer das echte Medikament und wer das Placebo erhält. Indem man vergleicht, wie es beiden Gruppen im Laufe der Zeit geht, stellt sich heraus, wie gut das neue Medikament wirkt. Seltsamerweise bessert sich oft auch der Gesundheitszustand derjenigen, die das Placebo einnehmen. Das Placebo scheint zu wirken, obwohl es keinerlei Wirkstoff enthält!

Wissenschaftlich gesehen fühlen sich Menschen besser, wenn sie auch mit einer Verbesserung rechnen. Es zeigt die Kraft der Gedanken. Wenn man Medikamente einnimmt, erwartet man, dass diese eine Wirkung haben. Placebos können bei Kopfschmerzen und anderen einfachen Beschwerden helfen, aber auch bei viel ernsteren Krankheiten.

Und das betrifft nicht nur Medikamente. Auch Operationen, die nur vorgetäuscht wurden, verbesserten nachweislich die Gesundheit. Das Eigenartigste ist, dass es den Menschen auch dann besser geht, wenn sie wissen, dass sie nur ein Placebo eingenommen haben! Wie kann das sein? Irgendwie wirkt sich unsere Gehirnleistung auf unseren Körper aus. Vielleicht werden wir eines Tages entdecken, dass außergewöhnliche geistige Kräfte real sind.

BRANDVERSTÄRKER

War es ein tragischer Unfall oder kann eine Person einfach so in Flammen aufgehen?

DR. JOHN IRVING BENTLEY

1966 machte sich Ingenieur Don Gosnell in Coudersport, Pennsylvania, USA, auf den Weg, um den Gaszähler von Dr. John Irving Bentley abzulesen. Der pensionierte Arzt war betagt und langsam und Don wusste, dass er sich selbst Zutritt verschaffen durfte, wenn der Arzt nicht gleich die Tür öffnete. Don läutete, wartete und betrat dann Dr. Bentleys Haus.

Zunächst schien alles ganz normal. Er ging in den Keller, um den Zählerstand abzulesen, bemerkte aber einen seltsamen Geruch. War das Rauch? Er sah sich im Haus um und schaute nach, ob alles in Ordnung war.

Aber das war es nicht ...

NUR EIN HÄUFCHEN ASCHE WAR NOCH ÜBRIG.

Don entdeckte die Überreste eines rechten Beins und eines Fußes, der noch im Pantoffel steckte. Das und ein kleiner Haufen Asche war alles, was von Dr. Bentley übriggeblieben war. Der Doktor schien verbrannt zu sein. Seltsamerweise gab es, außer einem Brandloch im Boden, keine weiteren Schäden. Der Rest des Zimmers war in Ordnung und sogar der Gehstock des Arztes war unbeschädigt. Wie konnte sein Körper zu Asche zerfallen, während der Rest des Hauses unversehrt blieb? Das ergab keinen Sinn.

GRÄFIN CORNELIA DI BANDI

Im April 1731 fühlte sich die 62-jährige Gräfin Cornelia Di Bandi aus Bologna, Italien, unwohl. Sie zog sich auf ihr Zimmer zurück, wo sie mit ihrer Zofe sprach, bevor sie sich bettfertig machte. Als die Gräfin am nächsten Morgen nicht zum Frühstück erschien, schaute das Dienstmädchen nach ihr. Was sie vorfand, war entsetzlich.

Auf dem Teppich lag ein kleiner Haufen Asche, drei Finger und die verbrannten Überreste zwei bestrumpfter Füße. In unmittelbarer Nähe stand eine Öllampe voller Asche. Dunkler, schmieriger Ruß klebte auf allen Oberflächen. Was in aller Welt war geschehen?

Der zuständige Pfarrer Giuseppe Bianchini untersuchte den Fall und kam zu folgendem Schluss: spontane menschliche Selbstentzündung.

SPONTANE MENSCHLICHE SELBSTENTZÜNDUNG

Wenn etwas Feuer fängt, ohne tatsächlich von einer Flamme entzündet zu werden, spricht man von spontaner Selbstentzündung. Man vermutet, dass genau das mit Dr. Bentley und der Gräfin passiert ist. Sie wurden zu Asche, ohne dass ihre Umgebung auch nur einen Funken abbekommen hätte.

Aber können Menschen einfach so in Flammen aufgehen? Einige glauben das und behaupten, es habe in den letzten 400 Jahren über 200 Fälle gegeben.
Wie kann das passieren?

Alkohol könnte der Grund sein, da unser Körper diesen in eine Substanz verwandelt, die leicht Feuer fängt. Es könnte sich auch das brennbare Gas Methan, das wir alle im Darm produzieren, angesammelt haben und explodiert sein. Oder es liegt an ungewöhnlichen magnetischen und elektrischen Kräften, Blitzeinschlägen, sogar Laserstrahlen ... doch wissenschaftlichen Erkenntnissen zufolge gibt es eine einfachere Erklärung für die Todesfälle.

Demnach verwandelten sich Dr. Bentley und die Gräfin in menschliche Kerzen. Ihre Kleidung wurde zum Docht, während ihr Körperfett wie Kerzenwachs langsam verbrannte, weshalb die Umgebung unbeschädigt blieb. Aber was hat diese menschlichen Kerzen entzündet? War es die brennbare Flüssigkeit Kampfer, in der die Gräfin zur Linderung von Muskelschmerzen gerne badete? In ihrer Nähe fand man zudem eine Öllampe. Dr. Bentley rauchte gern Pfeife, zündete also regelmäßig Streichhölzer an. Haben sich beide versehentlich selbst angezündet? Wir werden es nie erfahren. Selbst wenn es keine spontane Selbstentzündung war, heißt das nicht, dass es so etwas nicht gibt ...
Es gilt noch 200 weitere Fälle zu untersuchen!

STADT IM HIMMEL

Wie haben unsere Vorfahren dieses Mammutprojekt nur gebaut?

Machu Picchu ist eine verborgene Stadt, hoch oben in den Bergen der peruanischen Anden. Sie wurde vor etwa 600 Jahren vom Volk der Inka erbaut und blieb unbekannt, bis ein peruanischer Bergführer dem amerikanischen Entdecker Hiram Bingham 1911 die spektakulären Ruinen zeigte.

Wahrscheinlich zogen sich die Inkaherrscher dorthin zurück, um sich zu erholen und Gäste zu empfangen. Jedoch deuten Forschungen darauf hin, dass auch die einfachen Inka von fern angereist sein könnten, um den Ort zu besuchen.

Eine Stadt auf einem Berggipfel zu errichten, ist unglaublich schwierig, und der Bau von Machu Picchu ist besonders beeindruckend, da es in dieser Gegend viele Erdbeben gibt. Man geht sogar davon aus, dass damals auch während der Bauzeit die Erde bebte.

Die Inka sorgten mit einer besonderen Bauart für Stabilität. Sie klebten die Steine nicht mit Mörtel zusammen, da dieser sich bei einem Erdbeben lösen konnte. Stattdessen bearbeiteten sie ihre Steine so präzise, dass sie genau aneinanderpassten. Zwischen manchen sind die Fugen so eng, dass man nicht einmal ein Blatt Papier dazwischenstecken könnte.

Machu Picchu zeigt uns, dass die Inka erstaunliche Baumeister waren, aber da sie keine Schriftsprache hatten, werden wir wohl nie erfahren, welche Geheimnisse ihre einzigartige Zivilisation noch bereithielt.

WIE KONNTEN DIE INKA EINE STADT AUF EINEM BERG ERRICHTEN?

SYMBOLE UND GLYPHEN

Wir sind von erstaunlichen, uralten Bauten umgeben. Weshalb wurden sie errichtet und vor allem: wie?

STONEHENGE

Auf der Hochebene Salisbury Plain, Südengland, befindet sich Stonehenge – eines der außergewöhnlichsten Bauwerke der Welt. Dieses Steinmonument ist Jahrtausende alt und seit jeher ein archäologisches Rätsel. Die Menschen der Jungsteinzeit, die es errichteten, haben keine Aufzeichnungen hinterlassen, sodass wir nicht wissen, wie – oder warum – es gebaut wurde.

Man glaubt, dass Stonehenge vor 5000 Jahren zunächst als einfacher Steinkreis errichtet wurde. Später wurden weitere Steine hinzugefügt und die Anordnung verändert. Heute befinden sich dort die Überreste eines Monuments, das vor über 3500 Jahren entstand. Riesige aufrechte Steine, die sogenannten Sarsensteine, bilden den äußeren Ring. Der innere Ring besteht aus kleineren Steinen, den Blausteinen.

Die größten Steine sind 9 Meter hoch und wiegen 20 Tonnen ... fünf Mal so groß wie ein Erwachsener und schwerer als drei Elefanten! Die Menschen in der Jungsteinzeit hatten nur handgefertigte Seile und Holzgerüste – wie bewegten sie diese riesigen Steine? Den Sarsenstein gab es in Steinbrüchen vor Ort, aber die Blausteine stammen aus dem über 200 Kilometer entfernten Wales. Wie transportierte man die Steine? Schleppte man sie oder brachte man sie mit dem Schiff?

Wenn wir wüssten, wozu Stonehenge gebaut wurde, ließen sich die Fragen vielleicht beantworten. Es wurden auch menschliche Knochen gefunden – könnte es sich um eine Begräbnisstätte handeln? Die Steine selbst stehen zu bestimmten Zeiten in einer Linie mit Sonne und Mond. Ist Stonehenge ein riesiger Kalender, der den Wechsel der Jahreszeiten anzeigt? Den Blausteinen werden Heilkräfte zugeschrieben und womöglich haben die Menschen Tausende Kilometer zurückgelegt, nur um sie zu berühren.

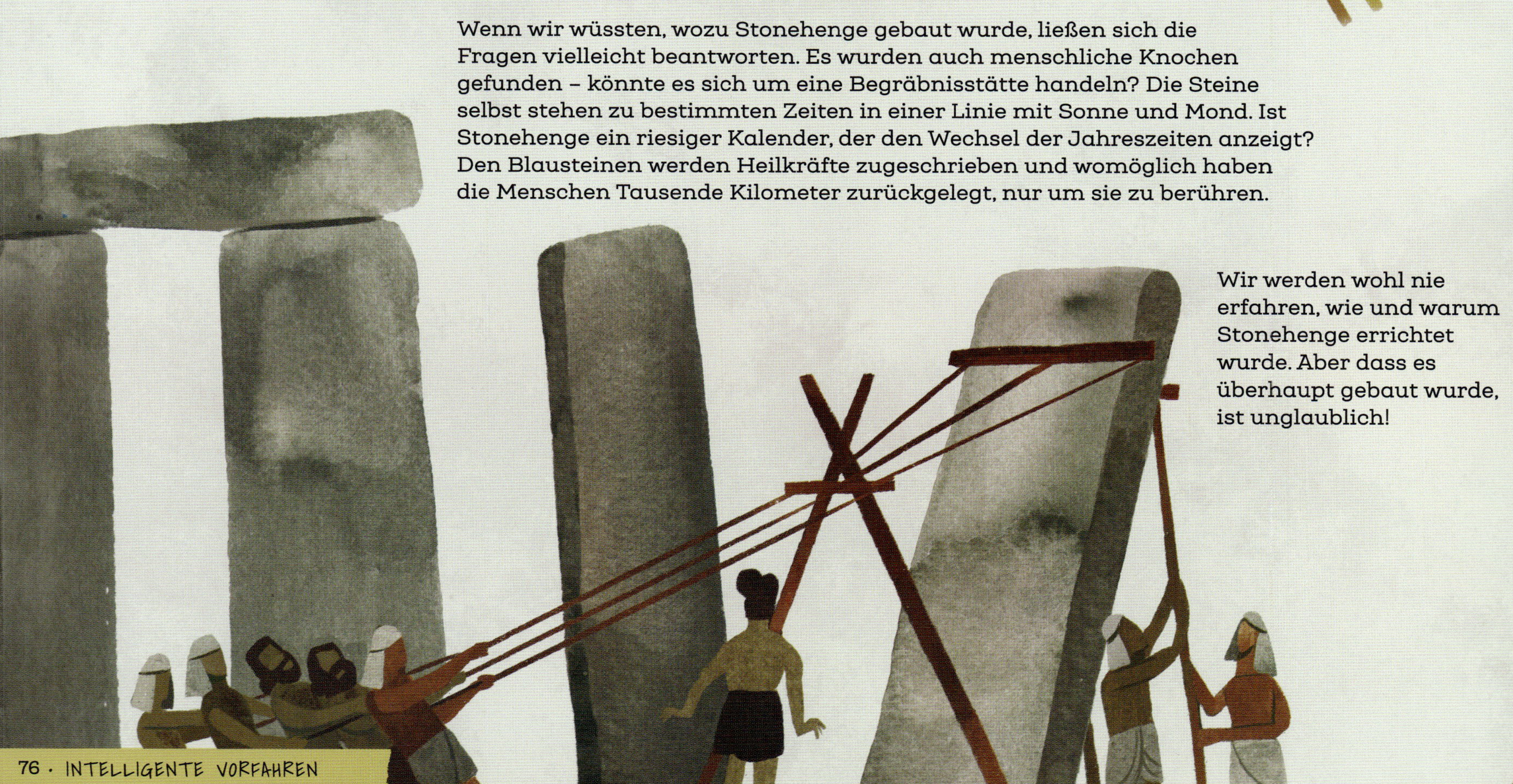

Wir werden wohl nie erfahren, wie und warum Stonehenge errichtet wurde. Aber dass es überhaupt gebaut wurde, ist unglaublich!

DIE NAZCA-LINIEN

Am anderen Ende der Welt befinden sich die Überreste eines weiteren Meisterwerks menschlicher Ingenieurskunst. Die Nazca-Linien sind 1500 Jahre nach Stonehenge entstanden und ebenso geheimnisvoll.

Auf einer Fläche von 500 Quadratkilometern in den Wüstenebenen im Süden Perus sind fast 400 riesige Zeichnungen in den Boden gekratzt. Diese Scharrbilder in der Erde werden Geoglyphen genannt. Sie zeigen Vögel, Spinnen, Affen, Pflanzen, aber auch Dreiecke und Spiralen. Einige sind so groß wie das Empire State Building und so weitläufig, dass es unmöglich ist, sie vom Boden aus zu erkennen. Erst als Archäologie-Teams das Gebiet überflogen, wurde deutlich, wie kompliziert diese Zeichnungen waren.

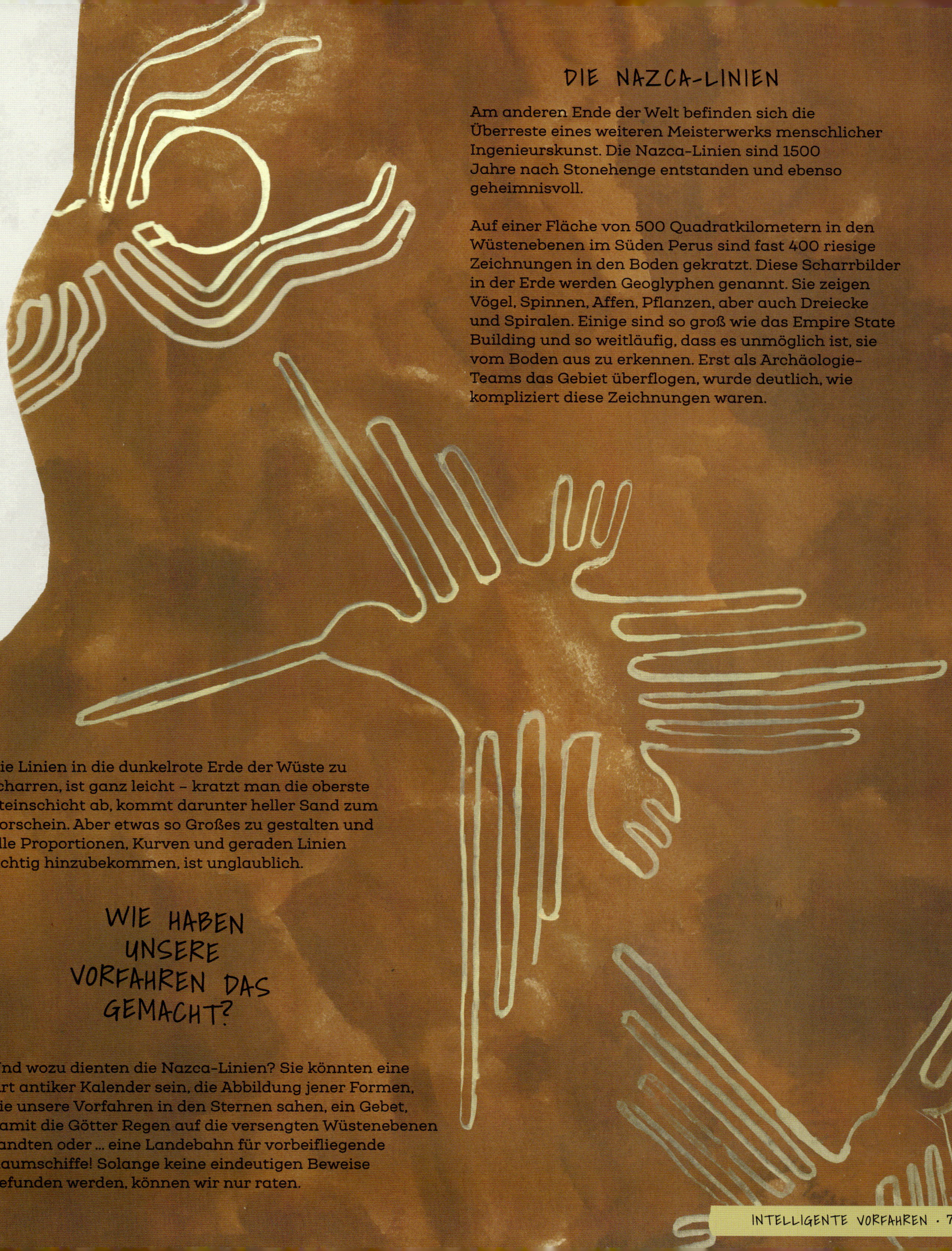

Die Linien in die dunkelrote Erde der Wüste zu scharren, ist ganz leicht – kratzt man die oberste Steinschicht ab, kommt darunter heller Sand zum Vorschein. Aber etwas so Großes zu gestalten und alle Proportionen, Kurven und geraden Linien richtig hinzubekommen, ist unglaublich.

WIE HABEN UNSERE VORFAHREN DAS GEMACHT?

Und wozu dienten die Nazca-Linien? Sie könnten eine Art antiker Kalender sein, die Abbildung jener Formen, die unsere Vorfahren in den Sternen sahen, ein Gebet, damit die Götter Regen auf die versengten Wüstenebenen sandten oder ... eine Landebahn für vorbeifliegende Raumschiffe! Solange keine eindeutigen Beweise gefunden werden, können wir nur raten.

GRÄBER UND TUNNEL

Diese unterirdischen Anlagen zeigen, wie unsere Vorfahren gegraben und gebaut haben.

DIE ALRAUNENHÖHLEN IN BAYERN

Eines Nachmittags in den bayerischen Alpen hütete Beate Greithanner ihre Kühe, als eines der Tiere plötzlich verschwand. Ein Loch hatte sich unter der bedauernswerten Kuh aufgetan und sie verschluckt. Beate entdeckte einen sogenannten Erdstall, ein verstecktes Labyrinth aus unterirdischen Gängen.

Rund 700 Erdställe liegen im bayerischen Untergrund, weitere gibt es im benachbarten Österreich. Sie sind als »Koboldlöcher« oder »Alraunenhöhlen« bekannt, benannt nach der Alraunenpflanze, der magische Kräfte zugeschrieben werden. Die Tunnel liegen etwa 10 Meter unter der Erde und sind bis zu 50 Meter lang, mit Gängen, Windungen und sogar Kammern, in denen man aufrecht stehen kann.

Wahrscheinlich sind die Tunnel über 1000 Jahre alt. Bis heute weiß man nicht genau, wozu sie angelegt wurden. Vielleicht dienten sie als Versteck vor Eindringlingen oder zur Kommunikation mit Geistern in der Unterwelt. Nichts davon ist bewiesen, sodass die Erdställe weiter rätselhaft bleiben.

DIE EBENE DER STEINGEFÄSSE

Auf einer Fläche von vielen Hundert Kilometern Grasland im südostasiatischen Land Laos verteilen sich Tausende von alten Steinkrügen. Sie sind groß genug, um hineinzuklettern, wiegen bis zu 14 Tonnen und sind über 1500 Jahre alt.

Der Legende nach wurden die Steinkrüge von Khun Cheung geschaffen, dem König der Riesen, die hier einst lebten. Er braute darin Getränke, um den Sieg über einen erbitterten Feind zu feiern. Aber wozu waren sie wirklich da?

Keiner weiß es genau. Einerseits könnte die Ebene ein alter Friedhof sein und die Gefäße zur Aufbewahrung der Asche von Stammesführern gedient haben. Andererseits deutet die Lage der Gefäße auf etwas anderes. Sie scheinen eine Linie zu bilden und markierten vielleicht wichtige Routen, als ungewöhnliche Wegweiser. Unter Umständen dienten sie sogar zum Sammeln von Regen und versorgten erschöpfte Menschen auf ihrer Reise mit frischem Wasser.

Bis weitere Forschungen angestellt werden, bleibt das Geheimnis der Gefäße bestehen ...

VERSCHOLLENE GRÄBER

Sie waren die bekanntesten Persönlichkeiten ihrer Zeit … und doch sind sie heute nirgends mehr zu finden.

KÖNIGIN NOFRETETE

Königin Nofretete war eine der mächtigsten Frauen im Alten Ägypten. Sie war mit dem Pharao Echnaton verheiratet und regierte das Land bis zu ihrem Tod vor fast 3500 Jahren mit. Wir wissen, wie bedeutend sie war, weil sie in altägyptischen Schriften immer wieder erwähnt wird. Dank einer bei Ausgrabungen gefundenen Porträtbüste wissen wir sogar, wie sie aussah!

DOCH WO IST SIE JETZT?

Eine derart bedeutende Monarchin hätte eigentlich ein beeindruckendes Grab im Tal der Königinnen haben müssen. Es wurde aber nie eins gefunden. Sie wurde auch nicht zusammen mit Echnaton begraben. Man vermutet, dass sie in einer Geheimkammer im Grab eines anderen Pharao bestattet sein könnte – im Grab von Tutanchamun. Trotz jahrelanger Suche ist diese Kammer – falls es sie gibt – immer noch verborgen.

Es könnte sein, dass ihre Leiche bereits in einem anderen Grab gefunden wurde. Im Grab von Amenhotep II. wurde eine Mumie mit ungewöhnlichen Ohrlöchern entdeckt – ähnlich denen, mit denen Nofretete oft dargestellt wurde. Doch nicht alle sind davon überzeugt, denn möglicherweise ist diese Mumie nicht einmal weiblich. Nofretetes letzte Ruhestätte bleibt also ein Rätsel … vorerst.

ALEXANDER DER GROSSE

Alexander war vor fast 2500 Jahren König von Mazedonien. Er eroberte mit seiner Armee ein riesiges Reich, das sich von Griechenland bis zum heutigen Pakistan erstreckte. Bereits mit 20 Jahren wurde er von seinen furchteinflößenden Kriegern für seinen Mut und seine Charakterstärke respektiert.

Er starb mit 32 Jahren, aber keiner weiß, wo sein Grab liegt. Als er starb, stritten sich seine Freunde darum, wer ihn begraben sollte, daher landete er schließlich in Alexandria, Ägypten. Man weiß, dass viele berühmte Persönlichkeiten – Julius Cäsar, Kleopatra, Caligula und Hadrian – sein Grab in Alexandria besuchten, aber es gibt keinen Hinweis auf den genauen Ort.

Im Laufe der Jahre ist es noch komplizierter geworden, weil Alexandria von Überschwemmungen und Erdbeben heimgesucht wurde. Der Boden ist seit Alexanders Zeiten 3,5 Meter abgesunken und die antike Stadt wurde immer wieder überbaut. Es gab über 140 archäologische Ausgrabungen, um nach dem Grab zu suchen, aber bisher bleibt es verschollen.

DSCHINGIS KHAN

Dschingis Khan, einer der grausamsten Herrscher der Geschichte, war Kriegerkönig des riesigen Mongolenreichs, das sich einst von Osteuropa bis zum Japanischen Meer erstreckte. Er lebte vor etwa 900 Jahren und sein Heer war berüchtigt dafür, seine Feinde zu terrorisieren.

Vor seinem Tod ordnete er an, sein Grab solle geheim bleiben – was es bis heute auch ist. Wozu dieses Versteckspiel? Es heißt, der Khan wurde mit Schätzen, die er bei seinen blutrünstigen Eroberungen erbeutet hatte, begraben. Aber wie konnte er seinen Bestattungsort so gut verbergen?

Treue Soldaten trugen den Leichnam ihres Anführers zu seiner letzten Ruhestätte. Sie sollen jeden, der ihnen begegnete, getötet haben, um das Geheimnis zu wahren. Sie ließen 1000 Pferde über die Stelle galoppieren, um jegliche Spuren zu verwischen. Während Archäologie-Teams aus aller Welt nach dem Grab suchen, wollen viele Mongolen nicht, dass es gefunden wird, um den Wunsch des Kriegerkönigs zu ehren.

DIE ANTIKE VERSTEHEN

Diese Geheimsprachen verraten uns etwas … aber was?

Seit wir schreiben können, wollen wir Geheimnisse bewahren – von Schlachtplänen bis hin zu Liebesbriefen – und dabei helfen uns Codes. Aber was ist, wenn der Schlüssel zum Code verloren geht? Hier sind einige uralte Rätsel, die wir noch nicht knacken konnten.

DAS VOYNICH-MANUSKRIPT

Das Voynich-Manuskript wurde 1912 entdeckt, als der polnische Buchhändler Wilfrid Voynich einem italienischen Priester mehrere Bücher abkaufte. Darunter war ein handschriftliches Dokument aus Tierhäuten (Pergament). Es wurde wahrscheinlich Anfang des 15. Jahrhunderts in Italien geschrieben, aber niemand weiß, von wem.

ES HAT KEINEN TITEL UND WIR VERSTEHEN KEIN EINZIGES WORT.

240 Seiten sind mit einer wunderschön schnörkeligen Handschrift versehen. Doch bisher konnte weder die Sprache noch auch nur ein einziger Buchstabe entziffert werden. Ist es eine längst vergessene alte Schrift, eine Geheimsprache oder nur ein großer Schwindel?

Am Rand befinden sich Skizzen von bizarren Pflanzen, Menschen beim Waschen und Baden, dem Sternenhimmel und Tierkreiszeichen. Sie verraten, worum es in dem Buch gehen könnte – Medizin, Astrologie, sogar Rezepte –, doch auch nach über 100 Jahren ist es noch niemandem gelungen, seine Geheimnisse zu lüften.

DER DISKOS VON PHAISTOS

1908 stieß der italienische Archäologe Luigi Pernier bei der Erforschung bronzezeitlicher Überreste auf der griechischen Insel Kreta auf eine seltsame tellergroße Tonscheibe. Auf beiden Seiten der 3500 Jahre alten Scheibe, später nach ihrem Fundort, dem minoischen Palast von Phaistos, benannt, finden sich rund 240 spiralförmig angeordnete Symbole.

Darunter sind viele bekannte Objekte – ein Kopf, ein Handschuh, eine Katze, ein Vogel, ein Baum. Die Symbole sind zu etwa 30 »Wörtern« gruppiert, weshalb man annimmt, es könne sich um eine Botschaft handeln. Doch wie lautet sie?

Einigen Theorien zufolge handelt es sich um ein Gebet an eine Erdgöttin, einen Gruß oder sogar um Musiknoten, aber das können wir nur dann übersetzen, wenn wir ein weiteres Objekt mit den gleichen Symbolen finden. Ohne Schlüssel, um den Code zu knacken, bleibt der Diskos von Phaistos eine verlorene Sprache aus der Antike …

DIE SHUGBOROUGH-INSCHRIFT

In Staffordshire, England, liegt Shugborough Hall, ein beeindruckendes georgianisches Herrenhaus, das vor fast 300 Jahren von George Anson erbaut wurde. Dort gibt es ein prächtiges, rätselhaftes Denkmal, auf dem sich ein kunstvolles Relief befindet, das eine Frau und drei Hirten zeigt. Darunter sind acht scheinbar zufällige Buchstaben in den Stein gemeißelt: O, U, O, S, V, A, V und V.

VIELE HALTEN DAS FÜR EIN RÄTSEL. ABER WER KANN ES LÖSEN?

Manche glauben, das Hirtenbild habe etwas mit der Legende um die Tempelritter zu tun und die Buchstaben seien ein Hinweis auf den Heiligen Gral. Andere fragen sich, ob es sich um ein verschlüsseltes Liebesgedicht an Georges Frau handelt. Die besten Codeknacker im Land haben versucht, dieses Rätsel zu lösen … aber bisher vergeblich.

KRYPTISCHE CHIFFREN

Was sagen uns diese mysteriösen Botschaften aus der Vergangenheit heute?

VERSTECKTES GOLD

Im Januar 1820 stieg Thomas J. Beale in einem Hotel in Lynchburg, Virginia, USA, ab. Bei seiner Abreise gab er dem Hotelbesitzer Robert Morriss eine verschlossene Metallschatulle und versprach, sie bald wieder abzuholen. Robert wartete 23 Jahre auf Thomas und öffnete dann die Kiste. Darin befanden sich drei Seiten voller Zahlen und der Hinweis, dass sie verrieten, wo ein Schatz vergraben war.

Es war ein Code! Tauschte man mit einem Geheimschlüssel oder Kodierungsbuch jede Zahl gegen einen Buchstaben, erhielt man eine Nachricht. Aber der Code war für jede Seite anders und das Kodierungsbuch war nicht zu finden.

Ende des 19. Jahrhunderts wurde eine Seite entschlüsselt: Thomas hatte irgendwo im Landkreis Bedford, USA, einen Schatz im Wert von 60 Millionen Dollar versteckt. Der genaue Ort steht wahrscheinlich auf den beiden anderen Seiten ... aber noch hat es niemand geschafft, die verbleibenden Codes zu knacken!

DIE DORABELLA-CHIFFRE

1897 verbrachten der berühmte englische Komponist Edward Elgar und seine Frau Caroline einige Tage bei ihren Freunden, der Familie Penny. Caroline schrieb eine Dankeskarte, der sie eine spezielle Notiz beilegte, die Edward für Dora Penny geschrieben hatte. Nach über 120 Jahren bleibt ihre Bedeutung ein Rätsel ...

Die Dorabella-Chiffre ist 87 Zeichen lang, aber jedes Zeichen ist nur ein Kringel. Was in aller Welt ist damit gemeint? Bis heute konnte keiner das Rätsel lösen. Wenn Dora und Edward zusammen waren, spielten sie oft clevere Wortspiele und sprachen sogar in ihrer eigenen erfundenen Sprache, so dass viele Leute immer noch glauben, dass diese verschnörkelten Geheimzeichen ein Code sind, den es zu enträtseln gilt ...

DIE VERIRRTE BRIEFTAUBE

1982 reparierte David Martin den Schornstein seines Hauses in Surrey, England, als er auf ein filigranes Vogelskelett stieß. Das arme Tier muss gestorben sein, nachdem es sich im Schornstein verfing.

David entdeckte an einem der Beine einen winzigen Behälter mit der Aufschrift »Brieftaubendienst«. Er hatte die Knochen einer Brieftaube entdeckt. Während des Zweiten Weltkriegs wurden mehr als 250.000 Brieftauben eingesetzt, um Nachrichten über Hunderte Kilometer von den Kampfplätzen in die Heimat zu schicken.

Als er vorsichtig den Behälter aufschraubte, fand er eine handgeschriebene Nachricht. Es war eine Sammlung von 27 »Wörtern«, bestehend jeweils aus fünf Buchstaben, wie RQXSR, JRZCQ oder CMPNW.

WAS BEDEUTETEN SIE?

Sogar die britische Regierungsbehörde GCHQ – die streng geheime Codeknacker-Abteilung – war verblüfft. Möglicherweise ist der Fundort der Taube ein Hinweis: auf halbem Weg zwischen Bletchley Park, wo britische Chiffrierer während des Zweiten Weltkriegs stationiert waren, und der Normandie, wo viele alliierte Truppen kämpften. Hatte diese Taube eine wichtige Nachricht für die Soldaten an der Front?

FLUCH ODER ZUFALL?

Würdest du für eines dieser Juwelen
dein Leben riskieren?

DER HOPE-DIAMANT

Der strahlend blaue Hope-Diamant ist walnussgroß, wiegt über 45 Karat und ist mehr als eine Viertelmilliarde Dollar wert. Er ist nach dem englischen Schriftsteller Thomas Hope benannt, der den Diamanten 1830 kaufte. Heute wird er in Washington DC, USA, ausgestellt. Aber der Edelstein hat eine mysteriöse Vergangenheit und manche glauben, er sei verflucht und habe seinen Besitzern nur Unglück gebracht ...

Es heißt, der Diamant sei einst das funkelnde Auge einer Statue der Gottheit Vishnu in einem indischen Tempel gewesen, bevor es von einem Priester gestohlen wurde. Der Stein gelangte in die Hände des französischen Händlers Jean-Baptiste Tavernier, der ihn 1668 an Ludwig XIV. von Frankreich verkaufte. Viele, die ihn danach besaßen, darunter ein russischer Prinz, ein türkischer Sultan und eine griechische Prinzessin, fanden Legenden zufolge ein grausiges Ende.

DER RUBIN DES SCHWARZEN PRINZEN

Dieser Edelstein hat eine blutige Vergangenheit. Im 14. Jahrhundert war der Rubin im Besitz des Sultans von Granada in Spanien. Bis sich dieser mit seinem Erzfeind, Pedro dem Grausamen, König von Kastilien, zu Friedensverhandlungen traf – denn Frieden war das Letzte, was Pedro im Sinn hatte. Er hinterging den Sultan, tötete ihn und stahl das Juwel!

Einige Jahre später unterstützte der Schwarze Prinz, Sohn von Edward III., König von England, Pedro im Kampf gegen einen anderen Feind. Vermutlich hatte Pedro Gerüchte über den Fluch gehört, denn er schenkte dem Prinzen den Rubin. Doch das half keinem von beiden! Pedro fiel kurze Zeit später in der Schlacht und der Prinz starb einen langen, qualvollen Tod. Richard, der Sohn des Schwarzen Prinzen, erbte den Stein und wurde König von England. Später brachte ihn jedoch sein Nachfolger Heinrich IV. um.

LAG AUF DEM STEIN EIN SCHRECKLICHER FLUCH?

DER KOH-I-NOOR-DIAMANT

1849 übergab der Herrscher der indischen Region Punjab, Duleep Singh, Königin Victoria von Großbritannien einen atemberaubenden Diamanten – den Koh-i-Noor. Sein Name bedeutet »Berg des Lichts«. Doch auf dem Juwel liegt ein 750 Jahre alter Fluch. Es heißt, nur Gott und Frauen könnten den Diamanten tragen, ohne in große Gefahr zu geraten.

In den Jahrhunderten zuvor ging der Diamant mit den Kriegen in Asien von Herrscher zu Herrscher über, und einer nach dem anderen fand ein unschönes Ende. Sogar auf seiner Überfahrt nach Großbritannien schien der Edelstein seine geheimnisvolle Macht zu entfalten, als Seuchen einen Großteil der Schiffsbesatzung dahinrafften.

Die britische Königsfamilie ist bis heute im Besitz des Diamanten. Er befindet sich in der Krone der Königinmutter – einer Krone, die nur von Frauen getragen wird. Glauben sie etwa an den Fluch?

JEDER STEIN ZIEHT EINE BLUTSPUR DURCH DIE GESCHICHTE.

KOH-I-NOOR DIAMANT

SIND DIE STEINE WIRKLICH VERFLUCHT?

Ist an all dem Tod und Unglück in diesen Geschichten tatsächlich ein Fluch schuld? Grausame Herrscher kämpften schon immer um Macht, ob nun Edelsteine im Spiel waren oder nicht. Doch es bleibt rätselhaft, warum jedes dieser Juwelen eine blutgetränkte Spur in der Geschichte zu hinterlassen scheint ...

RAFFINIERTE SCHÄDELTRICKSEREI

Drei verschiedene Schädel und drei sehr unterschiedliche Rätsel.

AFFENTHEATER

Vor den Toren der Stadt Armagh in Nordirland befinden sich eigenartige Hügel und Senken in der Landschaft. Es gibt einen äußeren, exakt kreisrunden Wall, der zwei weitere kreisrunde Wälle im Inneren umgibt. Kreise kommen in der Natur selten vor ... was immer es ist, wurde von Menschen geschaffen.

Archäologische Untersuchungen ergaben, dass es sich um Überreste einer eisenzeitlichen Festung handelt, die vor fast 2500 Jahren errichtet wurde. Wir wissen wenig über die hier lebende Gemeinschaft, aber als die Römer England eroberten, schrieben sie über ein wildes Volk, das im Norden Irlands hauste und Menschenopfer darbrachte.

ABER NICHT DIE MENSCHLICHEN KNOCHEN LASSEN ARCHÄOLOGEN STAUNEN ...

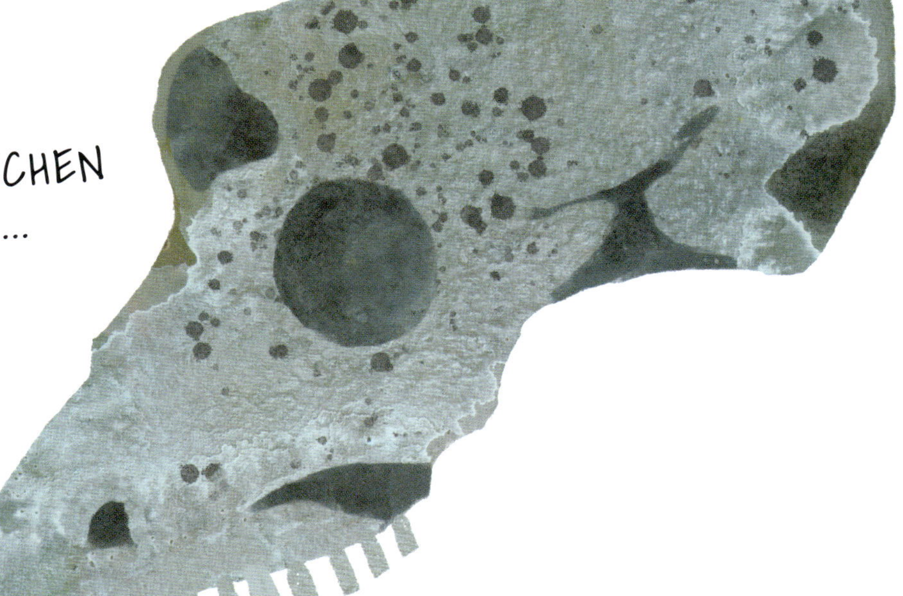

1971 wurde hier ein einzelner Berberaffenschädel entdeckt. Diese leben in Nordafrika oder Gibraltar – 3000 Kilometer entfernt. Diese Tiere wurden manchmal als Haustiere gehalten. Man geht jedoch auch davon aus, dass die Schädel toter Affen sehr begehrt waren und in ganz Europa gehandelt wurden. Lebte also vor über 2000 Jahren ein Affe im feuchten, windigen Nordirland oder war dieser Schädel einfach nur wertvoller Zierrat?

KRISTALLKLAR?

1924 erforschte Frederick Mitchell-Hedges den Dschungel von Belize in Mittelamerika. Er grub einen verfallenen, vermutlich 1000 Jahre alten Maya-Tempel aus. Jahre später enthüllte seine Tochter der Welt ein außergewöhnliches Objekt, von dem sie behauptete, es sei bei dieser Expedition gefunden worden – ein Kristallschädel aus einem einzigen Stück Bergkristall.

Er ist zwar wunderschön, soll aber mit einem tödlichen Fluch belegt sein. Ähnliche Schädel wurden in ganz Mittelamerika gefunden und manche sagen, alte Zivilisationen hätten sie vor Tausenden von Jahren gefertigt. Einer Prophezeiung zufolge erhält man, wenn man 13 dieser Kristallschädel zusammenträgt, geheimes Wissen für das Überleben der Menschheit.

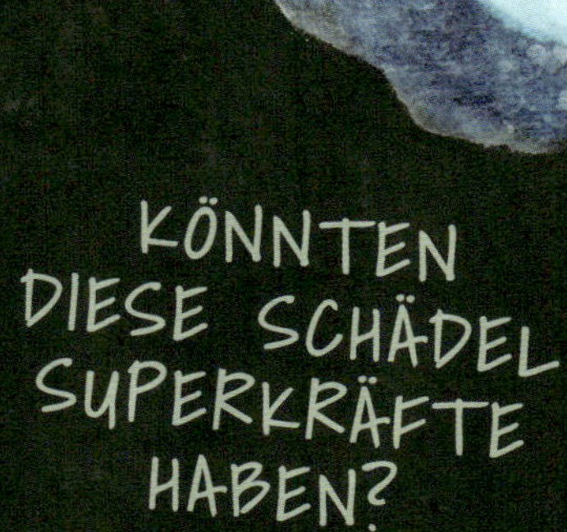

Eine genaue Untersuchung des Kristalls legt jedoch nahe, dass diese alten Maya-Schädel in Wirklichkeit mit modernen Maschinen hergestellt wurden. Die Hintergründe der Geschichte sind scheinbar alles andere als durchsichtig ...

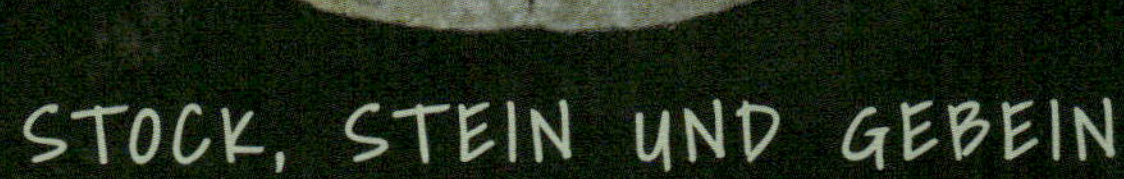

STOCK, STEIN UND GEBEIN

Archäologische Untersuchungen förderten in Drawsko, Polen, und Venedig, Italien, 400 Jahre alte Gräber mit Hunderten von Toten zutage. Einige der Skelette hatten riesige Steine im Mund und an den Hälsen waren sie mit Sicheln – großen gebogenen Klingen zum Schneiden von Gräsern und Getreide – am Boden gefesselt. Was ging hier nur vor?

Den Toten in diesen »Vampirgräbern« wurde der Mund mit Steinen gefüllt, um sie davon abzuhalten, sich von den Lebenden zu ernähren und die Klinge sollte ihnen den Kopf abschneiden, sobald sie aus dem Grab stiegen. Schreckliche Vorstellung!

Als man Menschen so bestattete, starben in Europa Tausende an Krankheiten wie der Pest. Die wurde, wie wir heute wissen, durch Rattenflöhe übertragen, aber früher verstanden die Menschen nicht, warum so viele starben. Sie dachten, Vampire seien daran schuld und wollten verhindern, dass die Leichen wieder zum Leben erwachten ...

ERSTAUNLICHE VORFAHREN

Zukunftsprognosen, Energietöpfe und Düsenflugzeuge. Was wussten unsere Vorfahren?

EIN 2000 JAHRE ALTER COMPUTER

1901 entdeckte ein Tauchteam vor der griechischen Insel Antikythera ein 2000 Jahre altes Schiffswrack, randvoll mit antiken Schätzen. Neben Statuen und Münzen fand man einen schuhkartongroßen Klumpen aus Metall und Holz, der ein Geheimnis barg: eine sonderbare Maschine mit über 30 ineinandergreifenden Bronzezahnrädern, mittels derer sich Zeiger und Zifferblätter auf der Vorder- und Rückseite des Kastens bewegten.

WOHER WUSSTEN UNSERE VORFAHREN, WIE MAN SO ETWAS BAUT?

Es ist das komplizierteste antike Gerät, das je gefunden wurde. Doch wozu diente es? Man fand heraus, dass es sich um einen antiken programmierbaren Computer handelte, der die Himmelspositionen von Sonne, Mond und Planeten vorhersagen konnte, ebenso wie die Mondphasen und Sonnen- und Mondfinsternisse der nächsten Jahrhunderte. Er könnte dazu benutzt worden sein, Termine für religiöse Feste, die Aussaat von Feldfrüchten oder sogar für den Kriegseintritt festzulegen.

Doch ein Rätsel bleibt ungelöst. Derart komplizierte Systeme wurden erst 1500 Jahre später gebaut, als die ersten Uhren erfunden wurden. Woher wussten unsere Vorfahren also, wie man so etwas konstruiert?

EINE ANTIKE BATTERIE?

Hatten antike Zivilisationen bereits Elektrizität? Manche glauben das jedenfalls. 1936 machte der Archäologe Wilhelm Koenig in der Nähe von Bagdad im heutigen Irak eine seltsame Entdeckung. Er fand fast 2000 Jahre alte Tongefäße, die jeweils ein aufgerolltes Kupferblech und einen Eisenstab enthielten.

Wilhelm wusste, wenn man einen dieser Tontöpfe mit einer Säure, wie Essig, füllte, würde die Kombination aus Metallen und Säure dank ausgeklügelter Chemie Strom erzeugen. Als die Töpfe untersucht wurden ... fand man scheinbar Spuren von Essig! Hatte Wilhelm die älteste elektrische Batterie der Welt entdeckt?

Wenn das stimmt, müsste die Geschichte neu geschrieben werden, denn offiziell wurde die erste Batterie 1800 von Alessandro Volta in Italien entwickelt. Aber wofür könnten diese antiken Energiespeicher verwendet worden sein? Woher kannten unsere Vorfahren die Technologie? Und warum wurden seither keine weiteren Hinweise auf Batterien und Elektrizität gefunden? Und wenn es keine Batterien sind, was dann?

FLIEGEN WIE DIE AUSSERIRDISCHEN?

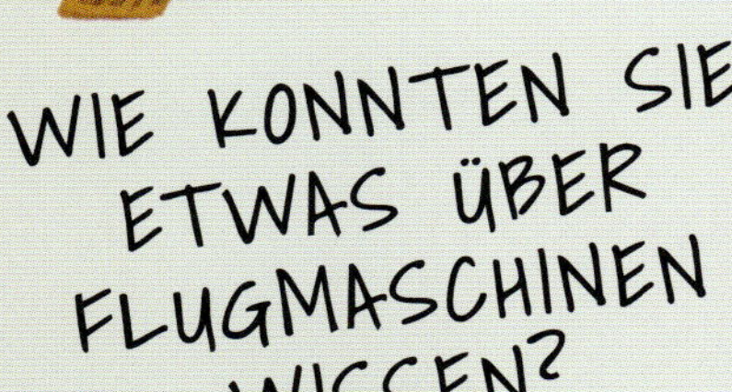

Im frühen 18. Jahrhundert wurden in Kolumbien, Südamerika, Dutzende von antiken Schmuckstücken aus Gold gefunden. Es sind Artefakte der Quimbaya-Kultur, nur wenige Zentimeter lang und kunstvoll gearbeitet – und bereits rund 1000 Jahre alt. Aber etwas ist seltsam ... denn einige sehen wie winzig kleine Flugzeuge aus! Aber woher sollten unsere Vorfahren Flugmaschinen kennen? Die waren damals noch nicht erfunden!

WIE KONNTEN SIE ETWAS ÜBER FLUGMASCHINEN WISSEN?

Und was an diesen Flugzeugen noch erstaunlicher ist: 1994 konstruierten drei deutsche Forscher große motorisierte Modelle dieser Miniaturen, die tatsächlich flogen! Wussten unsere Vorfahren etwa schon, wie man fliegt? Hat es ihnen vielleicht jemand gezeigt? Manche sind überzeugt, dass diese winzigen goldenen Flugzeuge der Beweis dafür sind, dass Außerirdische die Erde besucht und uns das Fliegen beigebracht haben. Es wäre fantastisch, wenn Wesen aus dem Weltall auf der Erde zu Besuch gekommen wären ... nur leider gilt das als sehr unwahrscheinlich. Hätten die Quimbaya dann nur ein paar Flugzeugmodelle gebaut, um sich an die Außerirdischen zu erinnern, oder hätte man ihnen zu Ehren nicht auch Tempel und Statuen errichtet?

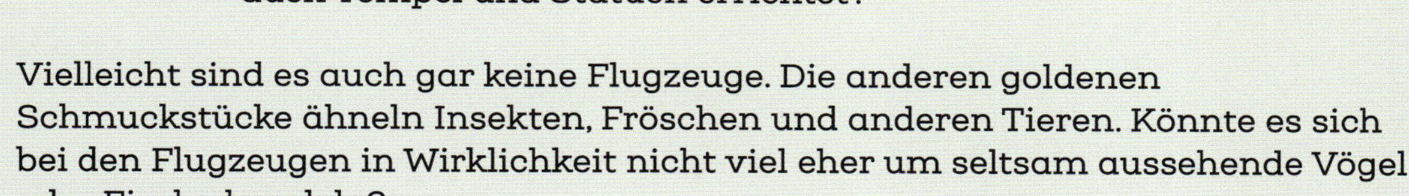

Vielleicht sind es auch gar keine Flugzeuge. Die anderen goldenen Schmuckstücke ähneln Insekten, Fröschen und anderen Tieren. Könnte es sich bei den Flugzeugen in Wirklichkeit nicht viel eher um seltsam aussehende Vögel oder Fische handeln?

GLOSSAR

ABERGLAUBE
Glaube an etwas, für das es keine logische, wissenschaftliche Erklärung gibt, sondern das auf Magie oder Glück beruht.

ARCHÄOLOGE/ARCHÄOLOGIN
Eine Person, die sich mit der Vergangenheit beschäftigt, indem sie Dinge untersucht, die Menschen hergestellt und zurückgelassen haben.

ARCHIMEDISCHE SCHRAUBE
Eine Pumpe, die Wasser aufnimmt, das durch das Drehen einer Kurbel nach oben befördert wird.

ASTROLOGIE
Die Erforschung der Bewegung der Sterne in dem Glauben, dass sie Dinge beeinflussen, die uns auf der Erde geschehen.

ASTRONAUT/ASTRONAUTIN
Eine Person, die ins Weltall reist.

ASTRONOM/ASTRONOMIN
Eine Person, die das All, Galaxien und Sterne studiert.

ATMOSPHÄRE
Die Luft, die unsere Erde und andere Planeten umgibt.

AUSSTERBEN
Endgültiges Verschwinden einer Art.

BEWEISE
Eine Auflistung von nachprüfbaren Tatsachen, die zeigen sollen, dass etwas wahr ist.

CHEMIE
Lehre vom Zusammenwirken der Stoffe und wie sie sich miteinander verbinden.

DENKMAL
Statue oder Bauwerk, zur Erinnerung an ein Ereignis, eine Person oder einen Ort.

DIABASGESTEIN
Sehr harte Gesteinsart, auch bekannt als Dolerit, das unter extremer Hitze entsteht.

ENTFÜHREN
Jemanden gegen seinen oder ihren Willen verschleppen.

EVOLUTION
Art und Weise, in der sich Lebewesen aus früheren Lebensformen auf der Erde entwickelt haben.

GEOLOGIE
Lehre von den Gesteinen und der Erdkruste.

GLETSCHER
Ein langsam fließender Fluss aus ewigem Eis.

HELLSEHER/HELLSEHERIN
Eine Person, die über geistige Kräfte verfügt, die wissenschaftlich nicht erklärt werden können, und zum Beispiel in der Lage ist, Gedanken zu lesen.

(HOCH)KULTUR
Die Lebensweise einer bestimmten Gruppe von Menschen.

HYPNOTISIEREN
Jemanden in einen tranceähnlichen Zustand versetzen, in dem er oder sie nicht ganz wach ist, aber auch nicht schläft.

INGENIEUR/INGENIEURIN
Eine Person, die Motoren, Maschinen oder Bauwerke entwirft, baut oder wartet.

JUNGSTEINZEIT
Eine prähistorische Epoche der Menschheitsgeschichte in der späten Steinzeit.

KARAT
Ein Maß für das Gewicht von Edelsteinen.

KOBOLD
Ein Haus- oder Naturgeist.

KOMPLEX
Eine Ansammlung von Gebäuden oder Räumen, die für einen ähnlichen Zweck genutzt werden.

LABYRINTH
Ein kompliziertes Netz von miteinander verbundenen Linien und Wegen oder Tunneln und Gängen.

LEGENDE
Überlieferte Geschichte, von der viele Menschen glauben, dass sie wahr ist, für die es aber keine Beweise gibt.

LOGIK
Denkweise, die eine komplizierte Idee in eine Reihe von einfacheren Ideen zerlegt.

METEORIT
Ein Gesteinsbrocken, der vom Weltall auf die Erde gefallen ist.

MIKROBE
Winziges Lebewesen, das oft nur eine einzige Zelle groß ist.

MILITÄR
Die Streitkräfte eines Landes, einschließlich des Heeres, der Marine und der Luftwaffe.

MINERALIEN
Natürlich vorkommende Feststoffe, die entweder aus einem einzelnen Element, wie Kupfer, oder einer Verbindung von Elementen, wie Quarz, bestehen und aus denen alle Gesteine der Erde aufgebaut sind.

MITTELALTER
Epoche in der europäischen Geschichte, die von etwa 500 bis 1500 n. Chr. dauerte.

MOLEKÜL
Zwei oder mehr Atome, die miteinander verbunden sind.

MYTHOS
Eine über Jahrhunderte überlieferte Geschichte, die mit einem übernatürlichen Ereignis oder Phänomen erklärt wird.

ORGANISMUS
Lebewesen, oft bezogen auf winzige Pflanzen und Tiere.

PARTIKEL
Winziger Teil der Materie.

PHÄNOMEN
Ungewöhnliches Ereignis oder etwas, von dem man weiß, dass es existiert, aber nicht erklären kann, warum.

PROPHEZEIUNG
Vorhersage über etwas, das in der Zukunft geschieht.

SCHERZBOLD
Person, die anderen Streiche spielt.

SIEDLUNG
Ort, an dem sich eine Gemeinschaft von Menschen einen Platz zum Leben einrichtet.

SONAR
Verfahren, mit dem man Objekte unter Wasser mithilfe von Schallwellen sucht.

STRAHLUNG
Form der Energieübertragung von zum Beispiel Wärme und Licht von einem Ort zum anderen.

STREICH
Etwas, mit dem jemand ausgetrickst oder in die Irre geführt wird.

TÄUSCHUNG
Jemanden glauben lassen, dass eine Lüge wahr ist.

TECHNOLOGIE
Nutzung wissenschaftlicher Erkenntnisse zur Lösung von Problemen.

THEORIE
Eine Möglichkeit, zu erklären, auf welche Weise etwas passiert.

TIERKREIS
Ein in der Astrologie verwendetes Schema, das die Bahn darstellt, auf der die Sonne die Erde im Weltall zu umkreisen scheint. Es zeigt die Positionen der Planeten und der Sterne und ist in 12 Abschnitte unterteilt, jeder mit eigenem Namen und Symbol, wie zum Beispiel Widder oder Skorpion.

TOURIST/TOURISTIN
Eine Person, die einen fremden Ort zum Vergnügen besucht.

ÜBERNATÜRLICH
Etwas, das nicht durch Naturgesetze erklärt werden kann, wie z. B. Geister.

UNTERSUCHUNG
Etwas oder jemanden gezielt und geordnet überprüfen, um etwas herauszufinden.

VATERUNSER
Gebet, von dem die Bibel sagt, Jesus habe es seinen Jüngern beigebracht.

VORFAHREN
Personen, von denen man abstammt und die vor vielen Jahren gelebt haben.

WERBEGAG
Ereignis, das die Aufmerksamkeit der Öffentlichkeit erregen soll, um für etwas zu werben.

WUNDER
Ereignis, das sich nicht durch Naturgesetze erklären lässt, weshalb man glaubt, dass es eine übernatürliche Ursache hat.

REGISTER